D1748530

JOSEF GEORG
AUTOBIOGRAFIE

Josef Georg

Autobiografie

Die Geschichte meines Lebens
& meiner Erfahrungen
1933 – 2010

Die Bibliografische Information der Deutschen Bibliothek
Die Deutsche Bibliothek verzeichnet diese Publikation in der Deutschen Nationalbibliografie; detaillierte bibliografische Daten sind im Internet über http://dnb.ddb.de abrufbar.

Herstellung und Verlag:
Books on Demand GmbH, Norderstedt
© 2010 Alle Rechte beim Autor

ISBN 978-3-8391-7976-5

Teil I
(1933 – 1974)

Kindheit – Jugend – Arbeitsjahre am Bau

Gott gebe mir die Gelassenheit, Dinge hinzunehmen,
die ich nicht ändern kann; den Mut, Dinge zu ändern,
die ich ändern kann, und die Weisheit,
das eine vom anderen zu unterscheiden.
(Friedrich Christoph Oetinger)

Die Zeit von 1933 – 1940

Das Licht der Welt erblickte ich am 21. Dezember 1933 um 11.30 Uhr in unserem Haus in der Tholeyerstraße, in jener fernen Zeit mit Hausnummer 16 versehen, in Lebach/Saar.

Meine Erinnerungen reichen zurück bis zum 2. Dezember 1937, dem Todestag meines Großvaters Jakob Oster. Noch heute habe ich überdeutlich das Bild vor Augen, wie er tot im Bett liegt. Ich muss meinen Opa Jakob sehr geliebt haben, dass ich noch heute, im Jahre 2010, so oft an ihn denke und ihn auf seinem Sterbebett liegen sehe.

Meine Familie

Mein Vater, Peter Georg, war Maschinen- und Handsetzer bei der Landeszeitung und bei der Saarbrücker Zeitung. Meine Mutter, Katharina Georg geb. Oster, war Hausfrau. Ich war das vierte von neun Kindern:

Wolfgang, geb. 1928; Buchdrucker
Rudolf, geb. 1930; Schuhmacher und Orthopädiemeister
Theresia, geb. 1931; Hausfrau
Ich, Josef, geb. 1933; Pflasterer, Straßenwärter, Bauführer, Heilpraktiker

Monika, geb. 1935; Hausfrau
Alfred, geb. 1937; Handsetzermeister
Leo, geb. 1939; Verputzer und Gipser
Gerhard, geb. 1940
Annemarie, geb. 1944; Hausfrau

Mein Bruder Gerhard wurde nur sechs Wochen alt; er starb 1940 an Krämpfen.

Die nachfolgenden Erinnerungen sind sehr spärlich, sie gehen zurück bis zum Kriegsanfang 1939. Damals fuhr Adolf Hitler im geschlossenen Wagen durch meinen Heimatort Lebach. Nachfolgend kamen die Soldatentruppen, die unterwegs zur saarländisch-französischen Grenze waren und beim Durchmarschieren von einigen Familien durchgefüttert wurden. Auch unsere Familie hat sich an der Verpflegung der Soldaten beteiligt, mit Butter, Wurst und Getränken, die in großen Behältern an die Soldaten verteilt wurden, wobei wir Kinder wie selbstverständlich halfen.

Die Jahre sind eine Einheit der Erinnerung; die Stunden und Tage eine der Erfahrung. (Cesare Pavese)

In unserer Straße nannte man mich den »Dauerschreier«, da ich ständig weinte und schrie. Soviel ich weiß, war ich in den Augen meiner Familie einfach nur ein Querkopf und in allem unausstehlich. Wo ich mich aufhielt, war Leben, im positiven wie im negativen Sinne. Bei jeder Aktion war ich einer der Ersten, wenn nicht sogar der Erste, ob in der Schule, zu Hause oder sonst irgendwo: *Der Jupp*, wie man mich schon damals nannte, war immer dabei. Angst war für mich ein Fremdwort, außer vorm Arzt und einer Spritzeninjektion – davor hatte ich einen Heidenrespekt!

Wir Kinder wurden zur Feldarbeit herangezogen, im Frühjahr beim Kartoffellegen und Runkelrübensetzen und während der Wachstumsphase von Weizen, Gerste und Hafer, in der wir zum Unkrautjäten eingesetzt wurden. Auch wurde in dieser Zeit das Gras gemäht, das für Heu verwandt wurde. Das gemähte Gras mussten wir mit den Erwachsenen, Onkel und Tante, auf der gemähten Wiese verteilen. War das Gras dann zu Heu geworden, musste es eingefahren werden; wir Kinder waren fürs Festtreten des Heus auf dem Schober zuständig. Wenn dann das Getreide erntereif war, wurde es ebenfalls gemäht, was in den 30er Jahren noch per Handsichel erfolgte. Das gemähte Getreide wurde auf das Kornseil gelegt, das damals in Handarbeit aus langstieligen Kornhalmen hergestellt wurde, und anschließend verschnürt. Die so erzeugten Garben stellte man zu einem sogenannten Kornkasten zusammen: Gegen eine Garbe in der Mitte wurden weitere Garben schräg herumgestellt, damit sie austrocknen konnten. Nach ein paar Tagen wurde das Getreide zum Dreschen gebracht, die Fruchtkörner wurden von den Ähren gelöst, anschließend Stroh und Getreidekörner in Säcken nach Hause transportiert.

Bei der Kartoffelernte waren das Schönste immer die Pausen. Es gab Kaffee und Milch, Butterbrote mit Laxem (Zwetschgenmus) und Quark. Es schmeckte hervorragend. Nach der Kartoffelernte kam, als letzte im Jahr, die Runkelrübenernte. Mittlerweile war es November und schon nass, neblig und kalt, was diese Ernte in so manchem Jahr schon sehr schwierig machte.

Anfang Herbst wurde ein weiteres Mal das Gras gemäht, welches für die Kühe nahrhafter war als das Heu und bei seinem zweiten Wuchs kürzer und dichter; es wurde *Grummet* genannt. Ich wurde für diese Ernte genauso eingesetzt wie für die Heuernte. Nach der Grummet-Ernte wurden die Kühe und Ziegen (saarländisch *Geißen* genannt, auch *Bergmannskühe*) zur Weide gebracht.

Ich war damals 5 oder 6 Jahre alt. Onkel oder Tante gingen mit dem Vieh – es waren zwei Kühe – bis zur Weide mit, dann wurden die beiden Kühe mir überlassen, bis sie sich satt gefressen hatten. Meistens bin ich dann mit den beiden allein nach Hause gegangen, wo sie schließlich noch getränkt wurden.

All das waren Arbeiten, die wir als Kinder machen konnten. Das Spielen kam ein wenig zu kurz, aber so war es damals nun mal: Wir

Kinder mussten die Arbeit, die wir konnten, ausführen. Für die Familie und die Verwandtschaft waren wir schon eine große Hilfe!

Meine Familie hatte keine Viehwirtschaft, nur jedes Jahr ein Schwein, das im Herbst geschlachtet wurde. Meine landwirtschaftlichen Erfahrungen machte ich bei meinem Onkel Mathias Raber und seiner Frau Helen, *Tante Lena* genannt, die eine ältere Schwester meiner Mutter war. Bei ihnen hatte ich eine zweite Heimat, und ich bekam zu meiner Arbeit gut zu essen und zu trinken. Das soll aber nicht heißen, dass ich zu Hause zu kurz mit dem Essen kam! Tante Lena und Onkel Mäths und ihre Kinder Anni, Hedi und Alois, kurzum die ganze Familie, waren gut zu mir. Bei ihnen lernte ich mit Tieren, Pflanzen und der gesamten Natur umzugehen.

Unser Nachbar Johann Merfeld, der schräg gegenüber wohnte und den keiner so richtig mochte, weil er in seiner Art so sonderbar war, bemerkte, dass ich mich sehr für die Natur interessierte. Er fragte mich eines Tages, ob ich ihm bei der Gartenarbeit helfen wolle, was ich mit Begeisterung bejahte. So lernte ich bei Herrn Merfeld Pflanzen setzen und säen, Bäume und Hecken schneiden und sogar Bäume und Sträucher veredeln. Von dieser Zeit an hatten meine Großmutter und meine Mama immer eine Hilfe im Garten. Was ich in dieser Zeit in der Natur lernte, sollte für mein späteres Leben von großer Bedeutung sein.

In den dreißiger Jahren gab es außer unserer Familie – Vater, Mutter, sieben Kinder – die Großmutter, Tante Anna, die beruflich Hebamme war, und Tante Maria, die auch in der Großfamilie mitgeholfen hat. Tante Anna, wir nannten sie *Tanta*, die ich sehr liebte, war für mich wie eine Mutter. Mein Verhältnis zu Tante Maria, die wir *Eija* nannten, war in dieser Zeit nicht so gut.

In unserer Familie ging es nicht so zimperlich zu; was zum Beispiel der eine nicht aufgegessen hatte, bekam der andere auf den Teller. Es war schon hart für Vater und Mutter, sieben Münder zu stopfen! Den Ausgleich bekam ich bei Tante Lena, die wusste, wie es bei uns zuging und was mir fehlte.

Da ich das vierte Kind war, musste ich mich behaupten, nach oben und nach unten. Ruhe vor mir gab es nur, wenn ich schlief, ansonsten war ich sehr aktiv, was mir häufig Schläge einbrachte, und die waren sehr heftig. Mutter hatte eine Lederpeitsche mit ca. acht Lederriemen, mit der wir Prügel bezogen, hauptsächlich ich. Vor diesen Schlägen hatte ich Angst, sodass ich die Riemen mehrmals abschnitt. Doch dann gab es Schläge mit einem Stock oder sonst einem Gegenstand. Wie gesagt war ich kein ängstliches Kind, aber die Angst vor Schlägen saß tief in mir, und mit diesem Angstsyndrom lebe ich noch heute.

Die Zeit von 1940 – 1945

Die Fliegerangriffe

Es kamen die Fliegerangriffe, und das Angstsyndrom verlagerte sich von den körperlichen Züchtigungen auf die Fliegerangriffe. Und es wurde schlimmer: Vor diesen Fliegerangriffen hatte ich eine maßlose Angst, die sich mit jedem Angriff auf meinen damaligen Heimatort Lebach verstärkte. Heute weiß ich, dass Angst eine der schlimmsten Krankheitsformen überhaupt ist. Angst zerstört die Seele.

Aber wir hatten auch gute und schöne Zeiten. Am Anfang des Krieges und schon eine gewisse Zeit vorher waren Soldaten einquartiert, die ich zum Teil noch in sehr angenehmer Erinnerung habe. Da gab es zum Beispiel einen Soldaten mit Namen Seltsam, der ein Könner auf dem schweren BMW-Motorrad mit Beiwagen war und viele Kunststücke mit diesem Fahrzeug machte. So fuhr er hinter unserem Haus einen schmalen Pfad hoch, und der Beiwagen, in dem ich saß, hing in der Luft, denn unterhalb des Pfades befand sich eine steile Böschung; die gleiche Situation kam oberhalb des Pfades. Aber es ging immer gut. Natürlich war das für mich ein großartiges Erlebnis. Der Heimweg führte über die Trierer Straße in die Tholeyerstraße.

Ein anderes Erlebnis, das in meiner Erinnerung sehr stark haften geblieben ist: Wir bekamen wie jedes Jahr ein junges Schwein, einen sogenannten Läufer, der eine Stufe über dem Ferkel steht. Dieses Schwein hatte ich lieb gewonnen, und umgekehrt muss es wohl auch so gewesen sein, denn wir verstanden uns auf Anhieb. Ich gab ihm den Namen Hansi. Nach kurzer Zeit hörte *Hansi* auf jedes Wort von mir, wir waren ein Herz und eine Seele. Hansi wurde größer und schwerer. Ich durfte nicht mehr so oft mit ihm herumtollen, weil das Schwein davon Fett verlor, was ich damals noch nicht begriff. Aber bei jeder Gelegenheit waren wir zusammen, sogar reiten konnte ich auf Hansi, was dem Tier offensichtlich genauso viel Freude bereitete wie mir.

Im Spätherbst bin ich mit Schäfer Willi in den Urlaub an den Rhein gefahren, als ein Brief von Mama kam. Da ich noch nicht richtig lesen konnte, las mir die Schwester den Brief vor. Den einen Satz, den sie mir vorlas, werde ich nie vergessen: *Hansi ist tot.* Das war für mich ein Schock, und ich fing an zu weinen. Die Schwester weinte mit mir und fragte: »Ist es dein Bruder?« Als ich erwiderte: »Es ist mein Schwein«, fing die Schwester an zu lachen, und ich heulte noch lauter.

Nach sehr langer Zeit erst gestand mir meine Mutter, dass Hansi geschlachtet worden war. Bis dahin glaubte ich, dass Hansi eines normalen Todes gestorben sei; nie im Leben hätte ich gedacht, dass man Hansi schlachten könnte, er war doch *mein* Schwein! Das war das erste Erlebnis mit einem Tier, das ich richtig lieb gewonnen hatte.

Die Fliegerangriffe verstärkten sich und dementsprechend auch meine Angst. Der Krieg spitzte sich immer mehr zu, die Bombenteppiche wurden dichter, und unsere Familie flüchtete nach Rümmelbach zu Verwandten, zwei Ortschaften von meinem Heimatort Lebach entfernt, und zwar zu einer Schwester meiner Großmutter. Die ebenfalls geflüchtete Familie Montnacher aus Lebach war im selben Haus untergebracht. Der Sohn dieser Familie, Manfred, war zwei Jahre jünger als ich, aber wir waren sehr viel zusammen. Ich habe die Zeit mit Manfred als eine schöne Zeit in Erinnerung.

Zu Hause in Lebach hatte ich meine Kameraden – Manfred Hell, Adolf Hell, Lothar Graf, Karl Heinz Rauch, Franz-Josef Brendel, Manfred Schmitt und andere mehr. Für gewöhnlich trafen wir uns bei mir daheim, da bei uns immer etwas los war. Die kleine Schwester von Franz-Josef Brendel konnte gerade erst laufen, und so musste er sie immer mit sich herumschleppen und sie beaufsichtigen. Damit sie unsere Spiele und was wir sonst noch so absolvierten nicht störte, banden wir die Kleine kurzerhand an einen Baum, damit sie uns nicht weglaufen konnte. Selbstverständlich schrie sie wie am Marterpfahl, aber das kümmerte uns nicht, wir führten unsere Kapriolen aus, ohne sie weiter zu beachten. Doch sie hat sehr schnell begriffen, und so wurde sie in unsere Reihe aufgenommen.

Wir haben damals vieles angestellt, nur nichts Vernünftiges. Dafür gab es natürlich Prügel, aber die war ich gewohnt, sie machten mir nichts mehr aus. In dieser Hinsicht war ich körperlich schon abgehärtet. Nur die Angst davor, die wurde ich zeitlebens nicht los!

Auch die Erinnerungen an die Flieger- und Bombenangriffe sitzen bei mir noch heute so tief, als wären sie erst kürzlich geschehen. Da wir nach Rümmelbach geflüchtet waren, nicht allzu weit von meinem Heimatort entfernt, waren wir auch oft wieder zu Hause. Ich hatte dadurch das Pech, jeden Flieger- und Bombenangriff hautnah zu erleben, ich war immer mittendrin. Wie zum Beispiel die Fliegerangriffe auf den Bahnhof, wo man nicht einmal den einzelnen Menschen verschonte, geschweige denn an den sonstigen Knotenpunkten.

Am jetzigen Bahnhofsvorplatz in Lebach gab es einen unterirdischen Sicherheitsstollen, in dem sich Menschen vor den Flieger-Jabos und deren Bordwaffen und Bomben sicher fühlten. (Jabos waren einmotorige Flieger wie die damalige Deutsche Me 109, aber in ihrer Eigenschaft sehr wendig, schnell und gefährlich. Sie waren als Flugobjekte der deutschen Me 109 gleichzustellen). Bei einem Jabo-Angriff auf den Lebacher Bahnhof, und von solchen Angriffen gab es mehrere, kam auch ein zehnjähriges Mädchen ums Leben, Margot Krebs. Sie lief noch nach Hause, im Bauch einen Splitter, der sie getroffen hatte, und hielt ihre Eingeweide in den Händen! Margot starb, als sie nach Hause kam, es waren noch 100 Meter, die sie laufen musste! Ihr älterer Bruder wurde bei diesem Angriff schwer verwundet. Er hatte sich auch noch nach Hause geschleppt und kam mit dem Leben davon, allerdings mit einer körperlichen Behinderung.

Bei demselben Angriff verlor Schuck, Jahrgang 1930, wir nannten ihn *Schucki*, sein Leben. Ich suchte damals Schutz unter der Theelbrücke, Mündung Mandelbachtal, und habe so ziemlich alles mitbekommen.

Vor dem Krieg und auch noch lange Zeit nach dem Krieg wurden jedes Jahr von den Straßenmeistereien SSBA (Staatliches Straßenbauamt) auf den Streckenabschnitten zwischen den Dörfern Obstbäume versteigert. Meine Familie wollte zwischen Lebach und Eidenborn mitsteigern. Bei unserer Ankunft war das Obst schon versteigert, aber wir konnten dann doch noch vor Tanneck, Richtung Lebach/Schmelz, Birnen ersteigern. Diese Obstbäume stehen übrigens noch heute, ungefähr 25 m von der Straße entfernt. Sooft ich heute dort vorbeifahre, werden die alten Erinnerungen wach.

Wir fuhren, um die Birnen zu ernten, damals mit dem Fuhrwerk, das von den schon erwähnten zwei Kühen, Frieda und Nelli, gezogen wurde. Gerade dort angekommen, hörten wir Fliegergeräusche. Onkel Matz fuhr so schnell es ging mit dem Fuhrwerk in den nahegelegenen Wald. Großmutter und ich lagen im Graben nahe der Bäume und hörten die Bordwaffenschüsse der Jabos, die dieses Mal nicht den Bahnhof angriffen, sondern andere Objekte. Nach einer gewissen Zeit war der Spuk vorbei, wir ernteten die Birnen und ich musste die Kühe hüten. Außer unserer Familie war noch eine andere Familie dabei, die den gleichen Terror miterlebte.

Einen Tag später merkten meine Eltern, dass wir eine Leiter am Baum stehen gelassen hatten; in unserem Schrecken hatten wir sie vergessen. Zu Hause angekommen erfuhren wir, dass zwischen Eidenborn und Lebach die Apfelpflücker auf den Bäumen von den Fliegen-Jabos angegriffen und tödlich verletzt worden waren. Es waren die Bäume, die wir ursprünglich hatten ersteigern wollen. Meine Familie hatte großes Glück gehabt, dass die von ihr gewollten Bäume schon versteigert waren!

Tödlich getroffen bzw. schwer verwundet wurden bei diesem Angriff auch Frau Wuscheck mit ihrem Sohn Axel, Jacob Vitus und Peter Groß. Peter hat damals den Transport des Obstes mit dem LKW übernommen. Am Anfang von Lebach, auf der Heimfahrt, wurde er von einer Kugel in den Kopf getroffen, doch dieser Treffer war nicht tödlich. Peter heiratete später und bekam zwei Kinder, einen Jungen und ein Mädchen. Er starb Ende der 90er Jahre.

Am nächsten Tag, nach dem Fliegerangriff auf Zivilpersonen, gingen mein damaliger Kamerad und ich die vergessene Leiter holen. Es war eine Zeit der langen Fußwege, ca. 30 Minuten hin und wieder zurück. Auf dem Rückweg erlebten wir wieder einen Fliegerangriff, der dieses Mal dem Bahnhof galt. Wir liefen so schnell wir konnten bis zum ersten Haus linkerhand, wo Architekt Schwinn wohnte. Wir klopften, aber es war niemand anwesend. Mein Kamerad lief in ein anderes Haus und ich hinter das Haus Schwinn, doch auch die Kellertür war verschlossen. Zusammengekrümmt lag ich vor dieser Tür und sah, wie die Flieger von dieser Richtung ihren Anflug zum Bahnhof aufbauten. Für mich sah es so aus, als würde der Anflug mir gelten, und vor lauter Angst machte ich in die Hose. Als der Spuk vorbei war, kam auch mein Kamerad wieder. Wir nahmen unsere Leiter, die von einer anderen Familie ausgeliehen worden war, und brachten sie nach Hause. Dort säuberte ich mich, was nur von meiner Großmutter bemerkt wurde. Ich schämte mich, dass mir so etwas passieren konnte, aber meine Großmutter sagte nichts weiter.

Ein paar Tage später wurde Lebach wieder einmal von einem Bombenteppich getroffen. Ich war hinter unserem Elternhaus, auf der Straße befanden sich sehr viele Soldaten, und ich hörte das Rauschen der Bomben, konnte aber nicht mehr in den Stollen laufen, der hinter unserem Haus einen Eingang hatte, und lief ins Haus, als die Bomben schon explodierten. Und dann rief Mama auf der Kellertreppe: »Annemarie liegt noch oben im Bett.« Annemarie war erst ein paar Monate alt. Der Keller war voller Soldaten, mein Bruder Rudolf und ich liefen die Treppe hoch in das Elternschlafzimmer, in dem Annemarie lag und laut schrie. Durch den Luftdruck flog die Tür aus den Angeln und fiel auf das Kind. Wir beseitigten die Tür, und Rudi nahm Annemarie, der Gott sei Dank nichts passiert war, trug sie in den Keller und übergab sie unserer Mama.

Ich glaube, die Soldaten hatten noch mehr Angst als wir. Vereinzelt beteten sie, und das war auch gut so. Der erste Bombenteppich auf Lebach traf auf den Wünschberg, im Bereich der heutigen Schönstatt-Kapelle. Das Haus des damaligen Bürgermeisters Arweiler wurde voll getroffen und Margret Riehm wurde damals verschüttet, verlor dabei drei Finger, aber sie überlebte diesen Angriff. Margret war Jahrgang 1931, also noch ein Kind!

Zu diesen Angriffen gibt meine Erinnerung nur noch her, dass sie zwischen 1940 und 1944 stattfanden. Aber dieses ohnmächtige Angstgefühl ist immer noch in mir und wird mich Zeit meines Lebens nicht mehr verlassen.

Arbeiten als Aushilfskraft

In den Kriegsjahren mussten wir Arbeiten verrichten, die eigentlich für Erwachsene bestimmt waren, doch ich tat mein Bestes. Als junger Mensch hatte man naturgemäß das Spielen im Kopf, und so manches Mal ließ ich die Arbeit links liegen. Dafür gab es wieder Prügel und ich musste Kühe hüten. Das war oft sehr langweilig und ich brachte die Kühe so manches Mal hungrig nach Hause. Dafür wurde ich von Tante Lena und Onkel Mathias ausgeschimpft, bekam aber keine Prügel. Die Kühe wurden im Stall gefüttert und getränkt, und ich bekam ohne Murren seitens meiner Tante mein Essen.

Der Bruder meiner Mutter, Onkel Jakob Oster, hatte eine Hufschmiede direkt an unserem Haus, das auch sein Elternhaus war. In den Kriegsjahren hatte Onkel Jakob, von uns Kindern *Onkel Hammer* gerufen, stets Gefangene, französische Soldaten, die ihm in der Schmiede zur Hand gingen. Der eine hieß Maurice, von uns *Moritz* genannt, ein gutmütiger Typ; mit dem anderen jedoch, Joseph, war nicht gut Kirschen essen. Er hasste alles, was deutsch war, was zu dieser Zeit auch verständlich war. Er konnte es nicht lassen, bei jeder Gelegenheit zu Onkel Hammer zu sagen: »Ihr gewinnt den Krieg nicht«, worauf Onkel Hammer immer sehr wütend wurde. Den beiden ging es im Grunde genommen gut, sie hatten Arbeit, wurden vom Onkel nicht tyrannisiert und hatten gut zu essen.

In der Zwischenzeit, in der Moritz oder Joseph (sie arbeiteten nicht gleichzeitig) nicht in der Schmiede arbeiteten, musste ich als Zehnjähriger ihre Arbeit übernehmen. Der Onkel hatte einen Vorschlaghammer extra für mich gemacht, weil ich mit dem richtigen Vorschlaghammer nicht so zuschlagen konnte, da er noch zu schwer für mich war. Das Eisen wurde dann eben öfters glühend gemacht, um meine geringe Zuschlagskraft auszugleichen. Onkel Hammer war allein in seiner Schmiede, denn sein Sohn Helmut, der das Schmiedehandwerk erlernt hatte, war im Krieg und der Onkel brauchte Hilfe. Er war zu mir knallhart, so als ob ich sein Lehrjunge wäre. Wenn ich nach der Schule am Mittagstisch saß, rief er mich schon nach mir: »Jupp, komm rüber in die Schmiede.«

Ich aß dann schneller als sonst und anschließend ging es in die Schmiede zur Arbeit, bis abends, so ca. 4 – 5 Stunden. Onkel Hammer konnte schlecht alleine das heiße Eisen zuschlagen und abrichten und die vom Wagner Graf Hermann gebrachten Holzräder mit Bandeisen beschlagen. Ich musste zuschlagen, während er abrichtete, es wurden Eisenreifen gedreht und feuergeschweißt. Die Bandeisen wurden dementsprechend auf die Holzräder für die Fuhrwerke vermessen. Anschließend wurden diese zu einem Kreis in einer Maschine, die von Hand bedient wurde, gedreht und der offene Spalt im Feuer geschweißt. Mein Onkel erklärte mir, wo ich bei dieser

Art von Schweißen aufpassen sollte, denn wenn das Eisen schmolz, musste sofort die Feuerung abgestellt werden, sonst verbrannte das Eisen und es bildeten sich Sterne. Diesen Reifen konnten wir dann nur noch für ein kleineres Rad gebrauchen. Ich versprach ihm, dass ich aufpassen würde.

Gott nimmt nicht die Lasten, sondern stärkt die Schultern. (Franz Grillpanzer)

Den ersten Reifen, den ich feuergeschweißt habe, vergesse ich in meinem ganzen Leben nicht mehr. Es kam, wie es kommen musste: Obwohl ich aufpasste, sah ich auf einmal nur noch Sterne. Das Eisen war so heiß geworden, dass es zerschmolz. Schon sprühten die Funken, und das hieß, das Eisen war verbrannt und für das Rad unbrauchbar. Wir haben das Eisen aus dem Feuer genommen und ich bekam anschließend eine gescheuert, dass ich bis an die Tür flog. Das Resultat war, dass ich in Zukunft beim Feuerschweißen aufpasste; mir passierte dieser Fehler nie mehr.

Ich musste auch Meißel in Öl oder Wasser härten und eine alte Bohrmaschine bedienen. Wenn eine Frau mit Kühen in die Schmiede kam, um sie beschlagen zu lassen, musste ich das Bein der Kuh halten. Im Gegensatz zu Pferden wurden Kühe nur vorne beschlagen. Bei Pferden war immer der Bauer dabei, um beim Beschlagen zu helfen. Wenn diese wild wurden, bekamen sie eine Bremse angelegt: Dazu wurde die Hufzange um die Oberlippe des Pferdes gelegt und mit einem Ring befestigt. Ich musste dann die Hufzange in beide Hände nehmen, und wenn das Pferd nicht stillhielt oder ausschlug, drehte ich die Zange. Das muss dem Pferd sehr weh getan haben, es war anschließend ruhig und ließ alles mit sich geschehen.

Wenn ein Pferd gefohlt hatte, sah ich das sofort, ging in unsere Küche, nahm eine große Tasse, melkte die Stute und trank anschließend die Milch. Die Bauern ließen mich gewähren. Meine Arbeit in der Schmiede leistete ich während des Krieges und noch bis kurz nach dem Krieg, bevor schließlich wieder Lehrlinge in der Schmiede beschäftigt wurden.

Der erste Lehrjunge, der nach dem Krieg bei meinem Onkel das Schmiedehandwerk erlernte, kam aus einem Bauernhaus, wo es an Essen und Trinken nicht mangelte. In der Mittagspause saß dieser Lehrjunge auf der Esse, dort, wo die Feuerung war, und aß seine Brote – für mich ein Festmahl – dick mit Butter und Hausmacher Wurst belegt. Ich stand vor ihm und sah jedem Bissen zu, den er verschlang. Es fiel ihm im Traum nicht ein, dass ich Kohldampf hatte, nur, ich sagte auch nichts! Die Brote, auf die er keinen Appetit mehr hatte, wurden im Feuer verbrannt. Das habe ich nie vergessen! Was blieb mir anderes übrig, als zu organisieren – heute würde man sagen: *Er hat gestohlen.*

Unser Leben ging weiter, wir waren acht Kinder, Vater und Bruder Wolfgang in Gefangenschaft; dazu Mutter, Oma und Tante Maria. Tante Anna, die den Hebammenberuf ausgeübt hatte, verstarb im Jahre 1942 in Saarlouis in der Elisabeth-Klinik. Der Sarg mit ihrem Leichnam wurde mit dem Pferdefuhrwerk von Hermann Jakob nach Hause gebracht, wegen der immer drohenden Gefahr von Fliegerangriffen, die tagsüber bei schönem Wetter immer da waren, erst mit Einbruch der Dunkelheit. In dieser Zeit, es war 1943, musste ich bei Verwandten in Rümmelbach, bei Fritz und Anna Oster, die Kühe hüten. Ich hatte selbstverständlich die Kost frei und schlief auch dort, aber nur eine Nacht.

Der Grund war die Magd Jettchen. Sie war kleinwüchsig, ging nach vorne gebeugt und hatte eine lange Nase, auf der eine große Warze saß. Jettchen sah aus wie eine Hexe aus dem Bilderbuch. Vor mir hatte meine ältere Schwester Theresia die Kühe gehütet, aber nur ein paar Tage lang, dann ging sie nicht mehr hin, weil sie Angst vor Jettchen hatte.

Am ersten Tag ging ich schon sehr früh am Morgen nach Rümmelbach, da die Kühe aus dem Stall mussten und erst auf der Weide etwas zu fressen bekamen. Ich hütete die Kühe bis abends, dann wurden sie gemolken und endlich war Feierabend. Nach dem Essen fand noch ein Plauderstündchen statt und es wurde gebetet. Gebetet wurde ohne Licht, nur der Schein der Ofenfeuerung drang als einzige Lichtquelle durch die offene Ofentür. Jettchen saß am Ofen, kaute ihren Tabak und rauchte die Pfeife. Ich ging schlafen und hatte Angst, dass die Hexe Jettchen käme, um mich zu holen. Kein Auge habe ich zugetan in dieser Nacht vor lauter Angst. Morgens nach dem Aufstehen wurde gefrühstückt und anschließend ging ich mit den Kühen auf die Weide. Es waren so ca. 15 Kühe – Rinder und Kälber –, und diese Herde unter einen Hut zu bringen war sehr schwer. Nachmittags war es dann wieder einmal so weit, die Flieger-Jabos kamen, flogen im Tiefflug über uns hinweg, die Kühe hoben ihren Schwanz in die Höhe und stoben in alle Richtungen davon. Ich brauchte eine lange Zeit, bis ich sie alle wieder zusammen hatte.

Sinnvolles Geben zehrt weit weniger am Lebensnerv, denn es gehört zu den natürlichen Formen des Gebens, bei denen sich die Kräfte im gleichen Maß zu erneuern scheinen, in dem sie sich verzehren. Je mehr man gibt, desto mehr hat man zu geben.
(Anne Morrow Lindberg)

Am Abend wurden die Kühe in den Stall gebracht und ich haute ab. Meine Mama wunderte sich, dass ich schon nach Hause kam. Auf ihre Frage sagte ich: »Ich gehe nicht mehr nach Rümmelbach, ich habe Angst.« Am nächsten Morgen wurde ich trotzdem von ihr früh geweckt, ich solle doch nach Rümmelbach gehen. Ich sträubte mich, sagte ihr wieder, dass ich Angst hätte. Mama schrie mich an und würgte mich, und ich sagte: »Mama du kannst mich tot machen, ich gehe nicht.« Darauf ließ sie mich weiterschlafen und ich brauchte nun nicht nach Rümmelbach. Ich konnte Mama damals schon verstehen, denn sieben Mäuler mussten gestopft werden. Sie meinte es mit dieser verzweifelten Attacke nicht so, sie wusste einfach nicht mehr ein noch aus.

Das Lernen in der Schule fiel mir sehr schwer, zumal vielen Lehrpersonen die Menschlichkeit fehlte. Ich hatte acht Jahre lang schon morgens vor der Schule Angst. Ich bekam viel Prügel, selbst wenn ich gar nichts angestellt hatte. Da ich bei den meisten Kapriolen, die nicht nur in der Klasse ausgeübt wurden, die erste Geige spielte und die Lehrer mein Temperament kannten, kam für sie immer nur ich als Schuldiger in Frage.

Mein Leben wurde von der Familie und von der Umgebung geprägt. Es war ein schönes und ein hartes Leben, und dieses Leben formte mich. Zwischen 1940 und '45 gab es wenig an Nahrungsmitteln, sodass wir Kohldampf schieben mussten, aber ich war ein Organisationstalent. Zu jener Zeit half ich dem Bäcker Nikolaus Juchem von nachts um eins bis morgens um 7.00 Uhr in der Backstube als Handlanger. Der Bäcker war mit mir zufrieden und backte jeden Tag zwei Brote für mich mit, da er wusste, dass mit diesen zwei Broten meine Kameraden gefüttert wurden.

Nach der Schule, so ca. 13.00 Uhr, zog ich mich zu Hause um und aß zu Mittag, und ab ging es zum Metzger Werner Abel. Im Schlachthaus mit dabei war mein Kamerad Manfred. Die Metzger waren oft in die Nachbardörfer Kälber, Schweine usw. kaufen, und während dieser Zeit schlachteten wir, Manfred und ich, die gekauften Kälber. Schlachten gelernt hatte ich bei Werner Abels; ich glaube, ich wäre auch ein guter Metzger geworden. Für diese Arbeit bekamen wir auch ab und zu etwas zu essen. Den Ausgleich organisierte ich, indem ich die Menge an Wurst an mich nahm, die mir zustand, meistens auch mehr. Meine Kameraden warteten schon auf die organisierte Wurst, es wurde redlich geteilt, und so brauchten wir nicht so viel Kohldampf zu schieben. Aufgeteilt wurden Brot und Wurst im Weiherchen hinter dem damaligen Gerbhaus zwischen Hutgeschäft Etringer und dem Haus Lorenz.

Das ging eine Zeitlang so weiter, bis ich von meinen Eltern nach Eidenborn als Kuhhirte abgeschoben wurde, zu einer Familie, in der die eigenen Kinder nicht genug zu essen bekamen. Ich hatte dort einen Freund namens Norbert mit einem Bruder namens Engelhart, die ich auch noch durchschleppte, bis es der Tante, einer Schwester meiner Großmutter, zu viel wurde und sie mit mir schimpfte. Diese Schelte brachte mich auf den Gedanken, den Rahm auf der Milch zu trinken, doch die großen Steinbehälter, in die jeden Tag die Milch eingefüllt wurde, standen im Keller und es war schwierig, hineinzugelangen.

Da fiel mir das Kellerloch ein. Wir kletterten durch das Kellerloch in den Kellerraum, und Norbert und Engelbert tranken von dem Rahm, den die Milch gezogen hatte, bis sie satt waren. Wir holten auch die Hühnereier aus dem Stall und tranken sie roh aus der Schale. Beides fiel natürlich auf, denn der Rahm fehlte für die Butter, welche die Tante selbst mit dem Butterfass herstellte, und bei 50 Hühnern nur noch 30 Eier, da musste ja etwas faul sein. Natürlich gab ich mich unschuldig wie ein Lamm. Wir mussten nun kürzer treten, aber die beiden, Norbert und Engelbert, brauchten keinen Kohldampf zu schieben, es gab da noch andere Möglichkeiten.

Es setzte mir sehr zu, dass ich von zu Hause und meiner Familie getrennt war, und ich wurde zum Bettnässer, mit elf Jahren. Was ich heute noch der ganzen Familie in Eidenborn hoch anrechne, ist, dass sie in meiner Gegenwart nie über das Bettnässen sprachen. Das Bett wurde stillschweigend jeden Tag neu überzogen – und nach einer gewissen Zeit hatte ich die Krankheit überwunden.

In diesem Haus wohnten Gregor, Rosa, Maria und Edmund, die bis auf ihren Bruder Hermann im Jahre 1945 noch ledig waren. Hermann war vermisst, in Russland, hatte eine Frau mit Namen Martha und eine kleine Tochter namens Sieglinde, die damals ein Jahr alt war. Jeder von diesen dreien hatte seinen eigenen Aufgabenbereich: Gregor war zuständig für die Rinder, Kälber und Kühe., Rosa für die Schweine und Hühner, und Maria half überall dort, wo sie benötigt wurde. Edmund war in Saarbrücken am Gericht tätig, war aber immer zur Erntezeit zur Stelle. Das Gleiche konnte man von Schwager Ton aus Köllerbach sagen. Zwei Töchter der Familie, Franziska und Tilchen, waren nach Köllerbach verheiratet.

Eines Tages wurde der Viehstall von oben nach unten verlegt. Es war viel Erde zu bewegen, das Fundament wurde abgestützt, damit das Haus mit Stallung nicht einstürzte, Krippe und Holzrost fürs Heu wurden hergestellt, die Kuhstände, der Gang und der Mistgang mit Hartbrand-Backsteinen ausgelegt, anschließend alles verputzt und weiß gestrichen – fertig war die Stallung! Das Vieh fühlte sich wohl in seiner neuen Behausung.

Ich musste oft des Nachts mit Gregor in den Stall, um einer Kuh beim Kalben zu helfen. Bei den meisten Tieren waren es leichte Geburten. Aber es gab auch schwere Geburten, bei denen Gregor und ich einen Strick um die Füße des zur Welt kommenden Kälbchens befestigen und es aus dem Geburtskanal ziehen mussten, weil die Kuh es allein nicht schaffte, das Kälbchen auf die Welt zu bringen. Die schweren Geburten hatten hauptsächlich solche Kühe, die das erste Mal kalbten. Anschließend gab es für die Kuh ein leicht gesalzenes Schmalzbrot, das sie mit Heißhunger fraß.

In diesen Jahren hatten die Amerikaner von Amsterdam bis nach Karlsruhe eine Benzin-Pipeline verlegt, die durch unseren Garten führte. Es waren Stahlrohre mit 20 cm Durchmesser, die von den amerikanischen Soldaten sehr streng bewacht wurden. Aber die Kontrolle fand immer zur gleichen Zeit statt, wie Gregor ganz schnell herausgefunden hatte. In der Not wird ja man bekanntlich erfinderisch, und so gingen wir nachts an einen Platz, wo wir ungestört die Rohre anbohren konnten. Wir bohrten ein Loch mit einem Durchmesser von etwa einem Zentimeter in das Rohr und entnahmen dort das Benzin. Anschließend drehten wir ein Gewinde in das Rohr und eine Schraube, die keinen Abstand vom Rohr erkennen ließ. Wir krochen immer durch die Hecke und arbeiteten völlig unbemerkt. Auf diese Weise hatten wir immer Benzin im Haus.

Schnapsbrennen

Wir brannten damals, verbotenerweise natürlich, sehr oft Schnaps aus Korn, Kartoffeln, Zwetschgen und Äpfeln. Gregor war erfinderisch: Da man die Gärung roch, hatte er die Fässer für die Maische in der Stallung der Schweine in den Boden gegraben und mit Heu und Stroh abgedeckt, um den Geruch zu neutralisieren.

Die Vorrichtung zum Schnapsbrennen hatten wir uns aus alten Utensilien, die zum Teil von der Wehrmacht stammten, selbst zusammengebastelt. Punkt 22.00 Uhr war es immer soweit; das war eine günstige Zeit zum Brennen, da alles schlief, bis auf Gregor und mich. Wir gingen abends ganz normal zu Bett und taten, als ob wir uns zum Schlafen hinlegten, aber dann, als alles ruhig war, standen wir wieder auf und schlichen uns in die Futterküche, wo wir unsere Brennerei aufgebaut hatten. Die Feuerung wurde angefacht, die Maische in einen Kupferkessel eingefüllt, und los ging der Spaß. Nach einiger Zeit rann der Schnaps in ein Gefäß, wurde von uns fachmännisch mit dem Prozentmessgerät geprüft und anschließend gekostet. Und er war gut, unser Schnaps! Mit elf Jahren waren meine Geschmacksknospen schon voll ausgeprägt. Überflüssig, zu erwähnen, dass ich vom Probieren am Ende ziemlich blau war.

Wenn das Schnapsbrennen damals rausgekommen wäre, wäre es uns übel ergangen, denn es kam einer Todsünde gleich. Gregor und die Familie wussten, dass ich den Mund halten würde, auch bei der unerlaubten Benzinentnahme. Sie konnten sicher sein: Jupp hielt dicht.

Ich hütete weiter die Kühe in den Gemarkungen Frauenacker, Griespielt, in der Nähe der Eidenborner-Mühle, Frankebesch und Klattenborn. Eines Tages, beim Hüten der Kühe auf Frankebesch, waren Jäger auf der Rehjagd. Dabei wurde ein Reh angeschossen und lief in die Hecke, die sich in der Nähe meiner Kühe befand. Ich sah das Reh, sah, wie es sich versteckte und liegen blieb, während die Jäger ausschwärmten, um es zu suchen. Nach dem Nachhausetrieb der Kühe in ihren Stall nahm ich den zweirädrigen Milchkarren und fuhr damit nach Frankebesch zur Hecke, um das Reh abzuholen. In der Nähe der Hecke war kein Mensch mehr zu sehen. Ich fand das Reh und stellte fest, dass es kurz zuvor verendet war, da es sich noch warm anfühlte. Ich lud es auf den Karren, und deckte es so mit Gras zu, dass keiner sehen konnte, was ich auf dem Karren transportierte. Zu Hause staunte Gregor nicht schlecht und fragte: »Wo hast du das Reh her?« Ich erzählte ihm die Geschichte und er nahm das Reh aus. Während wir es dann verzehrten, fragte niemand mehr: »Wo kommt dieses Reh her?«

Es gibt noch eine andere Tiergeschichte aus dieser Zeit. Beim Kühehüten an der Eidenborner Mühle, direkt am Wald Richtung Klaffenborn, lag ein Fuchswelpe im Gras. Ich nahm ihn auf, liebkoste ihn, und das Tier wich nicht mehr von meiner Seite. Es scheint bei uns beiden Liebe auf den ersten Blick gewesen zu sein. Zu Hause erzählte ich Gregor, dass ich einen kleinen Fuchs auf der Wiese gefunden hätte. Ich bekam zur Antwort: »Der ist noch zu klein, den bekommst du nicht groß.« Doch ich erwiderte: »Den bekomme ich groß.« Ich behielt Recht, der Fuchs bekam einen Platz im Stall und wurde groß. Ich musste das Tier nicht anbinden, der Fuchs blieb im Stall oder lief ums Haus, aber er lief nicht weg. Als der Fuchs ausgewachsen war, sagte Gregor eines Tages zu mir: »Der Fuchs ist jetzt ausgewachsen und wenn er in die Zeit kommt, ist er fort.« Ich konnte damals mit dieser Aussage, *wenn er in die Zeit kommt*, noch nichts anfangen; doch kurze Zeit danach war mein Fuchs verschwunden und kam nie wieder.

An die Familie und meine Zeit in Eidenborn denke ich gerne zurück. Das Gute bei der Schwester meiner Großmutter war, dass ich keine Schläge bekam und sie mich fair und anständig behandelten. Die ganze Familie hatte Verständnis für mein Heimweh und meine Kapriolen. Martha, deren Mann im Krieg geblieben war, behandelte mich so, als wäre ich ihr Sohn. Ihr Töchterchen Sieglinde, die ihren Vater noch nicht kannte, konnte kaum laufen, als ich ins Haus kam. Doch kurze Zeit später konnten sie und der Nachbarjunge Peter laufen, dank meiner Übungen, denn sooft meine Zeit es erlaubte, spielte ich mit ihnen. Es war eine schöne Zeit in dieser Familie.

Jeden Montagabend nach dem Füttern des Viehs und dem anschließenden Abendessen gingen Gregor und ich ins Dorf zum Mathias Scherf Karten spielen. Sein Sohn Josef und ich hatten das gleiche Alter und freundeten uns schnell an. Josefs Mutter war sehr früh verstorben und der Vater hatte wieder geheiratet, eine Frau, die mehr Mann war als Frau, so, wie sie sich benahm. Nach 24.00 Uhr sind wir dann nach Hause gegangen. Gregor hatte einen kleinen Schwips, und ich hatte ja auch nicht nur Wasser getrunken!

Während der Zeit, die ich in Eidenborn verbrachte, brauchte ich nicht in die Schule zu gehen. Warum und weshalb, weiß ich heute nicht mehr. Die Zeiten waren in jeder Hinsicht anders: Du hast nicht gestohlen, sondern organisiert, es waren die Zeiten der Not, eine Zeit, die erfinderisch macht, damit du überleben kannst. Der Hunger brachte uns auf die tollsten Ideen. Ich persönlich brauchte nicht so viel Hunger zu leiden, aber da waren andere Kinder, die Hunger hatten, und das tat weh. Du warst satt und die anderen hatten Hunger. Aber ich hatte keine Schwierigkeiten, sie zu versorgen, mir fiel immer etwas ein. Auch ging ich fast jeden Samstagnachmittag nach Lebach zu meiner Familie, mit einem Kessel Milch und Lebensmitteln. Das war für sie immer ein Festtag.

Nach meinem Aufenthalt in Eidenborn – wie lange ich dort war, kann ich heute nicht mehr sagen – kam ich wieder zurück nach Lebach zu meiner Familie. Hier musste ich wieder jeden Tag zur Schule gehen, und auch aufs Feld und die Kühe hüten musste ich wieder.

Das Ende des Krieges

Vor Kriegsschluss, als die Amerikaner vor Lebach standen, wurde Lebach von der Artillerie und von Panzern beschossen. Mein Bruder Rudolf und ich mussten nach Eidenborn, um ein Hähnchen und sonstige Lebensmittel abzuholen. Auf dem Nachhauseweg, in der Nähe der Bäume, dort, wo Frau Wuschech, ihre Söhne Axel und Vitus ihr Leben ließen, standen Rudolf und ich und sahen von dort die Granateinschläge. Wir konnten vom Eidenborner Stein jedes Haus sehen, wo ein Volltreffer die Häuser in Schutt und Asche legte. Vor Granaten hatte ich allerdings keine Angst.

Wir befanden uns auf dem Heimweg, als in direkter Nähe der Bahnunterführung ein Volltreffer das Kaufhaus Liebelt traf. Rudolf und ich lagen auf der Straße, ich mit dem Hähnchen in der Hand, das jämmerlich schrie, und Rudolf mit der Tasche, in der die Lebensmittel waren. Uns beiden war nichts passiert. Die Unterführung war vollgestopft mit Soldaten, die lachten, als ich mit dem schreienden Hahn aufmarschierte. Auf der anderen Seite der Unterführung wartete Onkel Mathias auf uns, der uns dann nach Hause brachte.

Ich kann mich noch sehr gut an die letzte Nacht des Krieges erinnern. Die Amerikaner schossen aus Richtung Tanneck (Westen) und die Deutschen schossen von Osten nach Westen. Am Ortsausgang der Trierer Straße war eine Panzersperre errichtet worden, aber zum Glück wurde sie nicht geschlossen. Der Luftschutzstollen hinter unserem Haus verlief unterirdisch von unserem Haus zu dem früheren Braune-Haus gegenüber der damaligen Bäckerei Nikolaus Juchem. Dort befanden sich, wie auch bei uns, Eingang und Ausgang. Für die Menschen aus der Trierer Straße war ein Ein- und Ausgang im Keller der damaligen Volksschule (welche später abgerissen wurde). In der Nähe des Eingangs war der Heizungsraum, der von einer Flüchtlingsfamilie aus Fraulautern bewohnt war, Vater, Mutter und zwei erwachsene Töchter. Gegenüber des Heizungsraumes gab es ein Bad für die Bevölkerung aus Lebach, geführt von den ledigen Schwestern Nonnengard.

Wenn Fliegeralarm war, liefen wir in den Stollen, wo wir uns sicher fühlten. Auch hier wurde viel gebetet, hauptsächlich betete man den Rosenkranz. Wir hörten dort sämtliche Granateinschläge, und unser mittlerweile geschultes Ohr konnte unterscheiden, ob sie von deutscher oder amerikanischer Seite kamen.

Eins von den Mädchen aus Fraulautern ging zur Toilette ins Bad. Die Toilette befand sich im Allgemein-Bad, gleich rechts, wenn man in den Aufenthaltsraum kam. Als das Mädchen die Toilette benutzte, gab es von deutscher Seite einen Volltreffer, wir hörten es knallen und zugleich das Mädchen schreien. Sofort liefen wir zur Toilette, um ihr beizustehen, doch sie kam uns Gott sei Dank unversehrt entgegen, sie war mit dem Schrecken davongekommen.

Am Abend vor der letzten Kriegsnacht wollte mein ältester Bruder mit drei Kameraden im Schlafzimmer hinter unserem Haus übernachten, aber Mama sagte: »Man weiß nicht, was passieren kann, geht in den Keller schlafen.« Der Keller war mit Notbetten ausgestattet. In dieser letzten Nacht kamen wir durch die Einschläge der Granaten nicht zur Ruhe. Da erreichte uns ungefähr um 22.00 Uhr im Stollen die mündliche Nachricht, dass Josef Randerath von Granatsplittern tödlich getroffen worden sei. Er stand in seiner Haustür, als eine Granate explodierte, direkt gegenüber vor dem Geschäftshaus Arnold Dievald. In der Nähe des Einschlags befand sich auch das Mädchen Irene Alt, die von der Arbeit nach Hause ging; sie wurde von der Granate buchstäblich zerrissen!

Früh am Morgen kamen dann die Amerikaner und der Krieg war für uns aus. Sie kamen durch den Stollen, an der Innentür stand ein Lebacher Bürger (den Namen möchte ich nicht erwähnen) in SA-Uniform, grüßte die Amerikaner mit Hitlergruß und sagte: »Und wir siegen doch.« Er nahm einen Streuselkuchen von meiner direkten Nachbarin und reichte dem Amerikaner den Kuchen, doch der verzichtete und nahm den Trottel gefangen.

Als wir dann aus dem Stollen nach draußen gingen, ging Mama als Erste hinaus. Ihren Schrei höre ich noch heute: Die Hinterfront unseres Hauses mit den Schlafzimmern war bis auf die Hälfte zusammengeschossen worden. Gott sei Dank schliefen die drei Buben im Keller, auf das vor einigen Stunden gegebenen Geheiß von Mama, sonst wären sie ums Leben gekommen. Das Einzige, das heil geblieben war, war das Kreuz, das am Kopfende der Betten an der Wand hing!

Diese Bombennacht mit ihren Schrecken musste meine Familie gründlich verdauen. Fünf Buben waren wir, die zusammen in diesem Zimmer geschlafen hatten; nun musste die Familie noch enger zusammenrücken und für eine andere Schlafunterkunft sorgen. Doch war dies nicht mit großen Schwierigkeiten verbunden, denn unsere Großfamilie war im Grunde genommen in Ordnung.

Die Amerikaner hatten sich in Lebach und Umgebung eingenistet, und schon ein paar Tage später spielten die Buben auf dem Schulgelände. Damals war es nichts Besonderes, dass 16-, 17- und 18-Jährige noch spielten. Da diese Burschen schon wie Erwachsene aussahen, wurden sie von den amerikanischen Soldaten kontrolliert. Einer der Burschen erzählte den Soldaten, dass mein Bruder Wolfgang seinen Wehrpass bei sich trage. In diesem Alter waren die jungen Burschen damals im Jungvolk oder Wehrwolf und mussten auch bei der Feuerwehr tätig sein. Mein Cousin Alois lief nach der Kontrolle auf dem Schulhof sofort nach Hause, um uns die Nachricht zu überbringen. Auf Grund seines Ausweises wurde mein Bruder sofort gefangen genommen und mit unserem Vater, den man auf der Straße gefangen genommen hatte, auf einem Lastwagen in ein Durchgangslager nach Hüttersdorf, einem Nachbarort, gebracht.

Peter Johängten, der alles beobachtet hatte, benachrichtigte meine Mutter. Ich stand hinter unserem Haus und bekam alles mit!. Ich ging in die Küche, setzte mich in den Stuhl der Großmutter und fragte mich, wie es nun weitergehen sollte. In der Küche sagte die Oma zu meiner Mutter: »Käthe, geh sofort ins Pfarrhaus, hier kann nur der Kaplan helfen.« Ich blieb im Stuhl sitzen und wartete, bis Mama vom Kaplan zurückkam. Oma hatte inzwischen die Verwandten und die Nachbarschaft informiert.

Mama kam vom Pfarrhaus zurück und weinte sehr heftig, was ich von ihr nicht kannte. So hatte ich sie noch nie erlebt. Oma und Mama kamen in die Küche; sie sahen mich nicht. Mama sagte zur Oma, der Kaplan machte keinen Schritt für Wolfgang. Er setzte sich nicht für ihn ein, weil er im Jungvolk und bei der Feuerwehr gewesen sei. Beide weinten sehr und ich biss auf die Zähne, um nicht laut loszuheulen.

Am nächsten Tag musste ich zur Schule. Wir hatten an diesem Tag Religionsunterricht, der vom Kaplan abgehalten wurde. Nach dem Schlussgebet ging ich zu ihm und sagte: »Meine Mutter war gestern bei Ihnen wegen meines Bruders Wolfgang. Wenn Sie schon die Bitte meiner Mutter abschlagen, meinem Vater zu helfen, dann helfen Sie doch wenigstens meinem Bruder.« Doch seine Reaktion war die gleiche wie bei meiner Mutter, kalt und hartherzig. Mir blieb nichts anderes übrig, als mich mit Weinen abzureagieren.

Wolfgang war ein Jahr in Gefangenschaft. Seine Gefangenenlager waren Hüttersdorf, Trier, Idar-Oberstein und der Richard-Wagner-Bunker in Saarbrücken.

Später sind Mama und ich mit dem Zug nach Idar-Oberstein gefahren, um Wolfgang zu sehen. Nach dem Krieg war es üblich, dass unsere Bergleute im Zug eigene Abteils benutzten, auf denen stand: Nur für Bergleute. Wir gingen nun in einen dieser Waggons, in denen nur zwei Bergleute waren, die es sehr bequem hatten, da sie so viel Sitzplatz zur Verfügung hatten. Wir setzten uns auf eine Bank, saßen aber kaum ein paar Sekunden auf der Bank, als wir von ihnen aufgefordert wurden, das Abteil zu verlassen, da es nur für Bergleute gedacht sei. Uns blieb nichts anderes übrig, als in einen überfüllten Wagen zu wechseln, wo wir dicht gedrängt bis Idar Oberstein stehen mussten.

Im Gefangenlager angekommen, wurden wir in eine Lagerhalle für Besucher geführt. In der Mitte dieses Raumes war eine Abtrennung mit Maschendraht, damit der Besucher keinen direkten Kontakt mit den Gefangenen bekam. Als Wolfgang kam, machte ich die für uns verbotene Tür auf, lief zu meinem Bruder und fiel ihm um den Hals. Sofort war das Wachpersonal zur Stelle und brachte mich vor den Zaun. Aber ich sah, dass Wolfgang sich sehr verändert hatte. Er war nicht mehr der Junge, den ich kannte; das tat sehr weh.

Als der Krieg zu Ende war, wurde ein Großcousin, der nun Vollwaise war, in unsere Familie aufgenommen. Das Essen war ohnehin schon knapp bemessen, doch ich höre heute noch die Worte meiner Mutter: »Dann wird eben mehr Wasser in die Suppe gefüllt, wir bringen Herbert schon satt.« Herbert verbrachte mehrere Jahre bei uns, erlernte das Anstreicherhandwerk und wurde Geselle. Wir waren nun zusammengerechnet sechs Buben und schliefen in *einem* Zimmer, und das in nur drei Betten. Bei uns herrschte fast immer Jubel, Trubel, Heiterkeit. Natürlich haben wir Buben uns auch gestritten, und das ging oft nicht ohne Prügelei. Da gibt es folgende Geschichte, die mir passierte. Einmal hatten mein Bruder

Wolfgang und ich im ersten Stock des Treppenhauses einen Streit. Ich war damals 15 Jahre, Wolfgang 20 Jahre alt, und wir prügelten uns. Für mein Alter war ich sehr kräftig und konnte bei der Prügelei gut mithalten. Vater kam, um zu schlichten; im selben Augenblick wollte ich Wolfgang einen Schlag ins Gesicht verpassen, doch der drehte sich reaktionsschnell weg, und so ging mein Schlag voll ins Gesicht unseres Vaters, der hinter Wolfgang stand. Vater flog durch die Wucht meines Schlages gut zwei Meter durch die Luft und blieb k. o. in der Ecke liegen. Doch ich wurde anschließend nicht von ihm getadelt, weil er wusste, dass der Schlag nicht ihm gegolten hatte.

Ich war immer in Aktion, suchte Streit und prügelte mich auch oft mit viel Älteren. Ich bekam viele Schläge, aber ich teilte auch sehr viele aus. Man hatte einen gewissen Respekt vor mir, den ich aber nicht ausnutzte.

Dann gab es noch die folgende Geschichte, auf die ich an dieser Stelle zeitlich vorgreifen will, doch sie passt hierher. Es war etwa in der Mitte der 50er Jahre, als mein jüngster Bruder Leo in Körprich-Bilsdorf als Gipser und Verputzer in der Lehre war und eines Tages ankündigte, er könne einen kleinen Hund bekommen. Die ganze Familie war begeistert von der Idee, es gab kein anderes Gesprächsthema mehr als das: »Wir bekommen einen Hund!« Doch dass so ein kleiner Hund noch nicht stubenrein war, damit hatte niemand gerechnet. Meine Schwester Monika bearbeitete unsere Mutter so lange, bis diese genervt sagte: »Der Hund kommt aus dem Haus!« Ich kam abends von der Arbeit nach Hause, als die beiden mir mitteilten, dass der Hund nicht bei uns bleiben könne, da er nicht stubenrein sei. Ich widersprach den beiden und meinte, das hätten sie sich früher überlegen sollen. Und ich sagte: »Der Hund bleibt!«, Monika sagte: »Der Hund geht!« So ging das eine Zeitlang hin und her. Meine Schwester Monika hatte mich mit ihrem hartnäckigem Widerspruch so in Rage gebracht, dass ich ihr eine runterhauen wollte, doch Monika, nicht faul, bückte sich schnell und die Mama bekam den Schlag ab. Dazu muss ich erwähnen, dass ich damals Boxer war. Ich traf ihre linke Gesichtshälfte und sie rutschte durch die Wucht des Schlages unter den Küchentisch und blieb schließlich an der Wand liegen. Monika lief davon und ich bückte mich, zog die Mama unter dem Tisch hervor, half ihr aufstehen und sagte zu ihr: »Der Schlag hat nicht dir gegolten.« Mama erwiderte: »Ich weiß es, aber es tut schrecklich weh!«

Auch wenn ich Vater und Mutter nur versehentlich geschlagen habe, muss ich sagen: Es tut mir noch heute leid.

Direkt nach dem Krieg wurde ein Sammellager für die russischen Gefangenen der Deutschen auf dem jetzigen Sportplatz, Seite Straßenmeister 2 Lebach, gebaut. Zwei freie Russen kamen in die damalige Kinogaststätte in der Tholeyer Straße, das jetzige Kino in Lebach, und wollten zwei Flaschen Wein für eine Stange Kochschokolade. Mit zwei Kameraden, Manfred und Herbert, saß ich auf der Bank vor dem Hause Diewald gegenüber meinem Elternhaus, als die beiden Wirtssöhne kamen und sagten, in der Kneipe seien zwei Russen mit einer Stange Kochschokolade zum Tausch gegen zwei Flaschen Wein, und sie hätten doch keinen Wein. Ich sagte: »Dann werden zwei Flaschen Wein gemacht.«

»Wie willst du denn das machen?«, fragten sie.

»Ich weiß es noch nicht, aber eins weiß ich, die Kochschokolade bekommen wir!«

Wir gingen durch die Hintertür in die Küche. Es waren Weinflaschen mit Etiketten vorhanden, dazu mit Korken und goldenen Manschetten, die man zum Korkenschutz über den Flaschenhals stülpte.

»So«, sagte ich, »die Flaschen hätten wir, jetzt brauchen wir nur noch den Inhalt.«

Egal, ich hatte nur noch die Schokolade im Kopf, über den Inhalt, den ich fabrizierte, möchte ich nicht sprechen, nur so viel: es war kein Gift. Die Flaschen waren fertig, dann hieß es: Wer bringt den beiden Russen die Flaschen »Wein« in die Kneipe?

Ich sagte: »Ich bringe den beiden die Flaschen und komme mit der Schokolade zurück.«

Ich ging durch die Küche in die Kneipe, selbstverständlich hinter dem Büffet entlang, zu den Beiden, die in direkter Nähe am ersten Tisch saßen. Ich stellte den selbst gemachten Wein auf den Tisch und sagte: »Zuerst die Schokolade, dann den Wein!«

Es wurde getauscht und ich bekam noch 35 Deutsche Reichsmark und ein Glas Fliegerbier, so nannten wir das Bier, das fast wie Limonade schmeckte. Ich blieb noch einige Zeit bei ihnen sitzen, bevor ich mich mit der Schokolade zu meinen Kameraden aufmachten, die schon sehnsüchtig auf mich warteten. Bei Etringers auf der Treppe wurde die Schokolade aufgeteilt und es war die beste Schokolade, die mir je geschmeckt hat! Was tut man nicht alles, wenn man Hunger hat.

In der Schule war ich keiner der Klügsten, aber für jede Schandtat zu gebrauchen. Wir wurden für jeden Fehltritt geschlagen – mit dem Stock, Griffelkasten, mit der Hand, und die Ohren wurden gedreht. Die ersten Schläge mit dem Stock auf die Hand, bekam ich das erste Mal von unserer Lehrerin. Sie hielt meine Fingerspitzen fest und schlug mir auf die Handinnenfläche, beim zweiten Mal tat sie dasselbe, ich zog beim Schlag blitzschnell meine Hand zurück und so schlug sie sich auf die eigene Hand. Vor dieser Art von Schlägen hatten wir von da an unsere Ruhe! Dafür gab es dann Schläge auf das Gesäß, welches wir vorsorglich mit Handtüchern ausstopften, so tat es nicht so weh. Aber wie so oft im Leben, es blieb nicht unentdeckt. Und so kam es vor, dass die Lehrperson zuerst das Handtuch herauszog und anschließend ging die Post ab, und es setzte Prügel. Es gab im Grunde genommen keine Woche, in der ich nicht meine Schläge bekam.

Im Krieg mussten wir Schüler sehr oft in den Keller wegen des Fliegeralarms. In der Schule war eine Sirene installiert, die im Treppenhaus bedient werden konnte. Bei Hochalarm mussten alle Schulklassen in den Keller, bei Entwarnung wieder zurück in die Schulräume. Ab und zu drückte ich die Sirene auf Hochalarm, alles rannte in den Keller, nur wartete man vergeblich auf die Entwarnung. Doch es kam keiner auf die Idee, dass ich es gewesen war, bis eines Tages ein Schulkamerad mich beim Drücken des Alarmknopfes aufspürte und mich an den Rektor verpetzte. Ich bekam dafür viele Schläge, die ich aber nach der Schule postwendend weiterreichte; so wurde Karl, der Schüler der mich beim Rektor angeschwärzt hatte, für ein paar Tage krankgeschrieben – und hielt ab jetzt seinen Mund.

Unser Schulgarten war neben dem Schneidermeister Wuscheck in der Trierer Straße, Richtung früherer Marktplatz (heute das *Haus Frekla* – Klaus Freis). Wir säten und bearbeiteten den Garten, wie es bei uns Brauch war. Das Unübliche zu dieser Zeit war, dass wir eine Maulbeerhecke für Seidenraupen gepflanzt hatten. Diese Seidenraupen in ihrem Kokon wurden für Fallschirme gebraucht. Direkt in der Nähe des Hauses Wuscheck wurden Tomaten gepflanzt, und die Ernte bestand nur aus einer sehr großen, dicken, sehr roten Tomate. Unser Lehrer rief alle Schüler zusammen und sagte: »Schaut euch mal diese Tomate an, ist sie nicht prächtig«? Mein Gedanke war: Die bekommst du nicht, Herr Lehrer, dafür werde ich schon sorgen. Bei der Arbeitseinteilung der Schüler habe ich die Gelegenheit genutzt und die Tomate an mich genommen und mit Genuss gegessen, bevor ich an meine Arbeit ging. Nach der Einteilung der Schüler ging der Lehrer zu seiner Tomate, um sie zu pflücken, doch er fand sie nicht mehr vor. Ich beobachtete ihn argwöhnisch, bis er rief »Josef, hilf mir die Tomate suchen.« Ich half ihm bei der Suche und fragte schließlich mit Unschuldsmiene »Wer hat denn diese schöne Tomate geklaut?« Alle Schüler mussten antreten, doch keiner war es und ich hielt natürlich die Klappe. Zur Strafe mussten sämtliche Schüler einen Aufsatz schreiben, Thema *Die Tomate*, nur ich nicht! Jahre später beim ersten Jahrgangstreffen gestand ich meinen ehemaligen Mitschülern, wie es sich wirklich zugetragen hatte mit der vermissten Tomate. Ich bekam die Antwort »Du warst ja zu allen Schandtaten bereit!«

Die Jahre 1945/46

1945 – 1946 waren im Vergleich mit den Jahren davor schon sehr viel besser, es ging aufwärts, der Aufbau und der Lebensstandard. Auch war eine gewisse Regelmäßigkeit im gesellschaftlichen Alltag festzustellen. Ich war im sechsten Schuljahr, brauchte nachts nicht mehr aufzustehen, um dem Bäcker zu helfen, denn er hatte nun wieder

Es ist nicht unsere Aufgabe, von allen gemocht oder bewundert zu werden. Unsere Aufgabe ist es, Selbstachtung zu entwickeln und unseren eigenen Weg zu verfolgen.
(Kerstin Held)

Hilfe. Das Jahr 1946 lief an mir so vorbei, dass ich mich an vieles nicht mehr so richtig erinnern kann; und doch ist noch so manche Erinnerung in meinem Gedächtnis hängen geblieben.

Es befand sich neben meinem Elternhaus das Haus meines Großvaters. Neben unserem Garten stand eine Scheune, die dem Zerfall ausgesetzt war, und auf dieser Scheune lag ein Nussbaum, der irgendwann mal umgefallen war, der aber jedes Jahr neu erblühte und Nüsse brachte. In diesen Baum hatten wir Kinder ein Häuschen gebaut, in dem wir viele Jahre spielten. Zwischen 1940 und 1945 gruben wir einen Stollen in den Berg neben dem Nussbaum. Der Stollen war von uns viele Meter in den Berg getrieben worden, die Erdmassen hatten wir mit einem Kasten, an dem ein Strick befestigt war, nach draußen gezogen; der leere Kasten wurde dann von den Großen mit einem Strick wieder nach innen gezogen. Der Stollen wurde auch verbaut, je tiefer wir in den Berg hineinkamen. Mein Cousin Alois, dem wir den Spitznamen *Wiss* gegeben hatten, wusste so ziemlich Bescheid darüber, wie man so etwas zuwege bekam, denn was seine Augen sahen, brachten die Finger fertig. Für unsere Begriffe war Wiss damals schon ein Alleskönner.

Doch nach einer gewissen Zeit fiel der Stollen zusammen. Wiss hatte aber schon eine andere Idee: Oberhalb des Nussbaums hoben wir einen neuen Stollen aus, und zwar von oben nach unten und mit Bohlen abgedeckt, die ausgeworfene Erde kam auf die Abdeckung. Der Stollen, dessen Eingang sehr schmal war, hatte eine Länge von ca. 20 Metern, und zum Schluss hatten wir eine Fläche von ungefähr 10 m² im Kreis ausgeschachtet. Für die Luftlöcher hatten wir Rohre, die wir uns in der Schmiede besorgt hatten, und für Licht hatten wir Kerzen, die wir organisiert hatten. Einmal ist ein Raupenschlepper beim Drehen über den Stollen gefahren, doch unser Stollen hat standgehalten! Monate danach fuhr Onkel Mathias, der Vater von Wiss, mit dem Fuhrwerk über die Abdeckung. Die Abdeckung gab nach und unser Stollen war zerstört, doch hatten wir einige Zeit unsere Freude daran gehabt.

Kurze Zeit danach, ich war wieder einmal in der Nähe, hat Wiss an Schotts Mauerumzäunung des Geländes der Familie Schott, zwei Häuser neben meinem Elternhaus (beim Kino, das heute noch besteht), durch eine offene Fuge geschaut, als ihn im selben Moment ein Schuss traf. Der Schuss kam vom Schießhaus, wo früher die SA geübt hatte, und galt der Mauer, die als Zielscheibe diente. Die Kugel ging durch die offene Fuge und traf Wiss in den Kopf, er fiel sofort bewusstlos zu Boden, und ich lief so schnell ich konnte und rief nach Tante Lena und Onkel Mätz. Man brachte Wiss sofort ins Krankenhaus nach Saarlouis, und er wurde Gott sei Dank wieder gesund! Natürlich war es sehr schwierig und im Nachhinein unmöglich festzustellen, wer den Schuss abgegeben hatte.

1946 – 1948

Wir bekamen in der Schule neues Lehrpersonal. Ein Lehrer hatte mich schon vom ersten Tag an auf dem Kieker; er mochte mich nicht. Als Aufgabe mussten wir eine Zeichnung anfertigen. Als wir damit fertig waren, kam er zu mir, nahm meine Zeichnung, ging damit zum Pult und schrieb zynisch mit roter Tinte darauf: »Ein wahres Meisterstück.« So wurde ich vor der ganzen Klasse gedemütigt, doch nur unser Klassenbester hat sich als Einziger darüber lustig gemacht. Mir ging diese Reaktion so auf den Wecker, dass ich laut schreiend mit einem Kraftwort reagierte (das ich hier nicht niederschreiben möchte) und ihm Prügel nach dem Unterricht ankündigte. Das war dann für den Lehrer doch zu viel und ich bekam zuerst mal meine Prügel von *ihm*; doch nach der Schule bekam unser Klassenbester seine Abreibung von mir mit der Wirkung, dass er sich nie mehr über mich lustig machte.

Diesen Lehrer hatten wir bis 1948. Ich bekam noch oft Schläge von ihm, denn ich war immer dabei, wenn es was anzustellen gab. Mit der Zeit hatte sich bei mir ein Hass gegen diesen Lehrer entwickelt, der alles Negative, all seine schlechten Launen an mir abzureagieren schien. Ich war schwirig und wurde immer schwieriger, denn menschliche Zuwendung und Liebe kamen in meinem Leben einfach zu kurz. Der innere Widerstand hatte sich nach außen gekehrt, und so wurde ich *der Jupp*: Was ich nicht mit dem Mund fertigbrachte, mussten meine Fäuste tun, ich fackelte nicht mehr lange und stoppte meine Widersacher durch die Faust. Ich wartete nicht, bis ich geschlagen wurde, ich kam dem zuvor und war der Erste, der zuschlug. Nur eines möchte ich dazu sagen: Man weiß, wenn man seine Prügel zu Recht bezieht, aber man merkt auch, wenn die Wut an einem ausgelassen wird, der schwächer ist.

Bei meinem damaligen, mir so verhassten Lehrer wartete ich, bis sich eine Gelegenheit bot. Und die kam an einem Tag im Januar 1948. An diesem Tag wurden die Eishockeyspiele der Schulmannschaften an der Theel im Wiesental-Probertern ausgetragen. Der Lehrer bekam sehr schnell mit, dass ich im Hockey sehr gut war, denn kaum war die Schule im Winter aus, wurde zu Hause schnell gegessen und ab ging es aufs Eis. Nun setzte mich der Lehrer bei der Eishockeymannschaft ein und er war mein Gegner.

Der Tag des Entscheidungsspiels war da, wir spielten auf und ich versuchte ihm immer wieder eine zu verpassen. Er stand so ungefähr drei Meter von mir weg, ich spielte den Puck. Der Puck war eine zusammengeschlagene Milchdose der damals üblichen Marke *Gloria*. Ich beherrschte den Puck sehr gut und konnte ihn genau auf den Punkt schlagen. Nun war meine Stunde gekommen: Ich schlug dem Lehrer den Puck auf die Stirn, und er fiel zu meiner Genugtuung auf sein verlängertes Rückgrat, war kurze Zeit benommen und konnte doch nicht glauben, dass ich das willkürlich getan hatte. Das war der erste Streich in diesem Spiel, der zweite folgte gleich danach. Wir spielten weiter, ich spielte den Puck, er nahm ihn mir ab, was auch ganz in meinem Sinne war; ich passte den Moment ab, als der Lehrer sich mit der Spitze der Schlittschuhe abdrückte, und schlug mit dem Hockey – es war eine gebogene Wurzel – auf seine linke Achillessehne. Er bäumte sich auf und schrie vor Schmerzen und ich beugte mich zu ihm nieder und fragte scheinheilig: »Haben Sie sich weh getan?« Diese innere Schadenfreude, die ich damals erlebte, spüre ich heute noch, auch jetzt, wo ich diese Zeilen aufs Papier bringe; die vielen seelischen Verletzungen und Demütigungen saßen zu tief.

Damals habe ich den Respekt, aber nicht die Achtung vor den Menschen verloren, und das ist heute, mit 77 Jahren, noch der Fall – und so soll es auch bis zum Ende bleiben!

Im Frühjahr 1948 wurden die Klassenmeisterschaften im Fußball auf den Theelwiesen ausgetragen. Der Gegner unseres Lehrers war der beste Fußballer unserer Schule, der von unserem Lehrer etwas besser behandelt wurde als ich. Er bekam weniger Prügel als ich, aber doch noch so viel, dass sich auch bei ihm ein gewisser Hass entwickelt hatte. Nach kurzem Spiel lag unser Lehrer auf dem Boden, er war mit seinem Gegner, diesem Schüler, zusammengeprallt und blieb liegen. Er meinte, sein Bein sei gebrochen, doch der Schüler stand in der Nähe und verzog keine Miene. Ich natürlich konnte meinen Mund mal wieder nicht halten und sagte: »Jetzt werden Sie es doch endlich kapiert haben.« Von diesem Tage an unterrichtete er nicht mehr in unserer Klasse; es war eine Wohltat. Am Tag der Schulentlassung war er bei der Entlassungsfeier dabei und ist auf unserem Schulentlassungsfoto zu sehen.

Wir hatten noch einen Lehrer, dessen Namen ich hier nennen darf, den Lehrer Senzig. Dieser war sehr streng, hart und gerecht, doch konnte er nicht jedem recht machen, auch mir nicht. Aber im Grunde hatte ich Vertrauen und eine sehr große Achtung vor ihm, denn man lernte bei ihm sehr viel. Am letzten Schultag gab es die Entlassungszeugnisse. Wir wurden nach dem Alphabet aufgerufen, und als ich an der Reihe war, ging ich nach vorne zum Pult, nahm mein Zeugnis an und setzte mich wieder auf meinen Platz. Nun sah ich mir die Noten an. Das Einzige, das hier stimmte, waren mein Name und die Adresse, denn unter meinem Namen stand für mich etwas Unerwartetes: *Geistiges Streben groß, Führung und Haltung sehr gut*. Dies war meine erste Eins in meiner gesamten Schulzeit, denn sämtliche Bewertungen hatten sich stets in den höheren, das heißt schlechteren Noten bewegt.

Da ich meine menschliche Angst zu dieser Zeit schon lange begraben hatte, ging ich nach der Ausgabe der Entlassungszeugnisse zum Lehrer Senzig und sagte: »Herr Lehrer, das ist nicht mein Zeugnis, das bin ich nicht.«

Darauf meinte der Lehrer: »Gefällt es dir nicht?«

»Selbstverständlich gefällt es mir.«

»Was gefällt dir denn an diesem Zeugnis nicht?«, wollte er wissen.

»Fangen wir vorne an mit *Geistiges Streben groß*. Sie wissen doch, dass ich unter dem Durchschnitt lag.«

»Ja, Josef, das weiß ich …«

»Dann: *Führung und Haltung sehr gut*«, fuhr ich fort. »Dabei wissen Sie doch, dass ich während der gesamten Schulzeit immer der Rädelsführer war, wenn ein Streich ausgeheckt wurde.«

Er sagte nur: »Ja, Josef, ich weiß über dich sehr wohl Bescheid. Eines sage ich dir: Dein Knopf geht in einem Alter zwischen 25 und 30 Jahren auf, vorher kann man einen Buchstaben oder eine

Zahl in deinen Kopf hauen, sie bleiben nicht. Merke dir, dieses Entlassungszeugnis ist das erste, das du bekommst, und es sollen dir diesbezüglich keine Schwierigkeiten entstehen.«

Am nächsten Tag begann ich meine Lehre als Pflasterer bei Pflasterermeister Karl Wittmann in Lebach. Doch davon ausführlich später.

Unserem Lehrer, Herrn Senzig aus Lebach, Mottenerstraße verdanke ich das, was aus meinem Leben geworden ist, dank seiner Voraussicht und seiner großzügigen Geste. Ich möchte ihm an dieser Stelle heute noch herzlichen Dank sagen.

Vom Pflastererlehrling zum Gesellen

Zurück zu einem Tag im Januar 1947, an dem meine Tante Lena ihre Mutter, die meine Großmutter war, besuchte. Wie so oft war ich auch an diesem Tag bei meiner Oma, und Tante Lena fragte mich: »Jupp was willst du eigentlich lernen?« Ich gab ihr zur Antwort: »Bäcker«, da ich mich schon in Eppelborn bei Bäckermeister Naumann vorgestellt hatte.

»Bist du verrückt, Bäcker zu lernen!«, ereiferte sich Tante Lena. »Du kannst dich nie selbstständig machen, du bist immer ein Arbeitnehmer.«

Das leuchtete mir ein. »Dann werde ich Maurer lernen bei der Firma Klein in Lebach.«

Darauf sagte Tante Lena: »Jupp, hast du denn keine Lust, das Pflastererhandwerk zu erlernen?«

»Was ist das?«, fragte ich, denn ich wusste nicht, was ein Pflasterer ist.

»Das sind die Leute, die auf der Straße die Steine setzen«, erklärte Tante Lena. »Im Hühnerecken wohnt der Pflasterermeister Karl Wittmann, er hat Reicherts Thekla geheiratet. Ich habe schon mit ihm gesprochen; wenn du in 1 ½ Jahren aus der Schule kommst, nimmt er dich als Lehrling.«

Ich machte nicht viel Federlesens und sagte: »Dann lerne ich eben Pflasterer.«

Einige Tage nach diesem Gespräch ging ich hinter die Kirche, um die Aufgaben abzuschreiben, und sah einen Pflasterer, der an den Kirchennischen seine Arbeit verrichtete. Ich war neugierig, ging hin und grüßte den Mann. Nach kurzer Zeit sagte er zu mir: »Jupp, würdest du mir ein paar Steine hier hinlegen?« Ich fragte mich, woher der Mann meinen Namen wusste. Da sprach er von Tante Lena und da wusste ich: Er war Herr Wittmann aus dem Hühnerecken.

Sooft nun der Meister in Lebach oder in der Nähe arbeitete, war ich von bei ihm, half und lernte. Während dieser Zeit bis zur offiziellen Lehrlingseinstellung mit Lehrvertrag lernte ich alles, was normalerweise einem Lehrling im ersten Lehrjahr beigebracht wurde.

Nun zu einem Erlebnis, das ich nie vergessen werde. Wir arbeiteten in Eppelborn für die Metzgerei Karl Schorr, die sich gleich neben der Kirche befindet. Die Familie Schorr hatte außer der Metzgerei auch noch einen landwirtschaftlichen Betrieb, der vom Bruder namens Johann betrieben wurde. Wir pflasterten dort die Pferdestände und den Hof, und jeden Tag gab uns die Familie Schorr zu essen. Wenn wir Feierabend hatten, stand Karl Schorr auf der Treppe und hielt eine Tüte für mich und meine Familie in der Hand.

Zu dieser Zeit wurden vor Diewald und Randerath in Lebach die Einschlaglöcher der Granaten zugepflastert. Ich hatte schon meinen Pflasterstuhl und eigene Hammer und saß, wenn die Möglichkeit sich bot, neben meinem Meister, der sehr streng, aber gerecht war. Ich war mit Leib und Seele Pflasterer, liebte mein Handwerk, war sehr lernfreudig, nahm das Gesagte vom Meister sehr schnell auf und stand im Praktischen nicht auf der langen Leitung, was man von meiner Lehrzeit im Theoretischen nicht sagen konnte.

Doch nun zurück zum 14.7.1948. An diesem Tage wurde ich in der Schule entlassen und schon am 15.7.1948 begann ich meine Lehre, die bis zum 14.7.1951 dauerte. Meinen Gesellenbrief bekam ich erst am 31.7.1952, da 1951 nicht genügend Lehrlinge für die

Gesellenprüfung vorhanden waren. Daher wurde die Prüfung um ein Jahr verschoben.

Meine praktische Prüfung absolvierte ich an der Schule in Fechingen. Die Aufgabe: eine Einfahrt mit 9/11 zu pflastern. In dem schriftlichen Bescheid stand: *Das übliche Werkzeug ist mitzubringen*, was ein sehr dehnbarer Begriff war; zum Beispiel gab es Mosaik-, Klein- und Großpflasterhammer sowie Bordsteinzangen, Eisen zum Ausrichten und den Pflasterstuhl. Ich packte all diese Werkzeuge zusammen und fuhr mit dem Zug von Lebach bis nach Saarbrücken. Dann ging ich zu Fuß weiter, mit dem Werkzeug auf dem Rücken, bis zum Lager der Firma Andreas Flossdorf. Herr Flossdorf war unser Obermeister und Mitglied des Prüfungsausschusses.

Der Sohn von Heidemann in Neunkirchen/Saar, eine Pflastererfirma, hat am gleichen Tag mit mir die Gesellenprüfung gemacht. Er musste bei der Prüfung eine Halbrinne mit Großpflaster und ich, wie bereits erwähnt, die Einfahrt mit Kleinpflaster machen. Im Anschluss an die Prüfung fuhr Heidemann mich mit seinem 125er Motorrad nach Saarbrücken zum Hauptbahnhof.

Meine theoretische Prüfung fiel nicht so besonders aus, meine Begabung lag mehr im praktischen Bereich. Es waren die Obermeister Herr Schwab und Herr Flossdorf mit dem Gesellenbesitzer, die unsere Prüfung abhielten. Bei der schriftlichen Prüfung merkte ich, dass Herr Schmitt mich immer im Auge hatte. Nach der Prüfung fragte er mich, ob ich eine Mutter mit Namen Katharina und eine Großmutter mit Namen Anna Oster hätte. Als ich bejahte, sagte er, ich sollte ihnen doch einen schönen Gruß von ihm ausrichten und sagen, er werde sich nochmals für alles bedanken. Ich erzählte ihm dann, dass meine Oma 1948 verstorben war.

Zu Hause angekommen, richtete ich die Grüße meiner Mama aus und sie erzählte mir, wie es damals zu dieser Bekanntschaft gekommen war. 1939 war die Familie Schmitt von Saarbrücken nach Lebach evakuiert worden. Es war im Winter, und meine Mutter gab Herrn Schmitt einen Mantel. Das hat Herr Schmitt nie vergessen!

Im Winter 1948/49 gab es auf der Arbeitsstelle wegen schlechter Witterung eine Unterbrechung der Arbeitszeit, während es im Winter 1949/50 weniger witterungsbedingte Arbeitsausfälle gab. Ich fragte den Meister, ob ich im Winter (es war 1948/49), wenn doch nichts mehr zu tun sei, zu Hause Ausbesserungsarbeiten vornehmen könnte. Da der hölzerne Sockel in unserem Hausflur voller Schwamm war, der das Holz schon von der Wand drückte, wollte ich die Schadstellen mit Platten ersetzen. Der Meister meinte: »Wenn wir mit dem Holzmachen im Wald fertig sind und das Geschirr gesäubert ist und wir neues Werkzeug – Hämmer und Besen – hergestellt haben. Und anschließend machst du dir in der Scheune ein Schnurgerüst um das Gerüst, Bretter und Pflaster 4/6 – 6/8 – 8/10 und 9/11-Mosaik- und Kleinpflaster, Segmentbogen und Schuppenpflaster.«

Zum Holz im Wald: Der Meister bekam vom Förster mehrere Bäume (Schlag) zugewiesen, die vom Meister und mir gefällt, zerkleinert und mit zwei von Kühen gezogenen Fuhrwerken nach Hause transportiert wurden. Zu Hause wurde das Holz in Stücke gesägt, gespalten und zu einem Stapel aufgesetzt. Anschließend wurde das Werkzeug gesäubert und für das kommende Jahr in Ordnung gebracht. Das Werkzeug wurde aus alten Radachsen hergestellt, die der Meister 1947 von Panzerspähwagen abmontiert hatte, die auf dem Marktplatz standen, und die einen Durchmesser von ungefähr 10 Zentimetern hatten. Die Stücke wurden glühend abgeschlagen, und zwar folgendermaßen: Der Meister hatte die Achse in der linken Hand und in der rechten den scharfen Trennhammer, und ich musste mit dem Vorschlaghammer so lange auf den Trennhammer schlagen, bis das Stück von der Achse getrennt war. Die kleinen Stücke wurden in der Feuerung wieder glühend heiß gemacht und ich musste zuschlagen, wie ich es früher in der Schmiede schon gelernt hatte, so lange, bis wir einen Mosaikhammer aus dem Stück Eisen-Stahl zu einem Pflasterhammer zurechtgeschmiedet hatten. Anschließend wurde das Loch zwischen Löffel und Hammer glühend heiß eingeschlagen. War der Hammer fertig, wurde der Löffel geschärft und im Wasser gehärtet. Der gleiche Vorgang, aber ohne Schärfen, geschah mit dem Hammerkopf.

Die Pflasterstühle wurden vom Meister selbst von Hand hergestellt, mit Säge, Stecheisen und Messer. Für das Loch, in das ein kurz geformter Stiel eingesetzt wurde, nahmen wir einen Holzbohrer.

Mein Lehrmeister hat die Besen, die wir brauchten, um das Pflaster einzuschlämmen, selbst hergestellt. Die Besen waren für die damalige Zeit sehr gut. Sie bestanden aus zwei Vierkanthölzern, ca. 40 cm lang, Durchmesser ca. 5 x 5 cm; in die Hölzer wurden Schrauben eingesetzt und darauf eine Eisenplatte mit einem Rohr. Das Rohr wurde in einem Winkel von ungefähr 45° auf der Platte befestigt, anschließend wurden Besenreiser zwischen die Vierkanthölzer gelegt, die Schrauben wurden angezogen und die Platte mit dem Rohr auf den Hölzern befestigt. Die Reiser, am besten waren Birkenreiser, standen nach dem Abschneiden noch ungefähr 30 cm vom Holz weg. Anschließend wurde eine dünne Stange im Wald geschnitten, die als Stiel diente, und fertig war der Besen. Diese von Hand hergestellten Besen, mit denen wir damals arbeiteten, waren genauso gut wie die heutigen, die man im Geschäft erwirbt.

Zurück zu meiner Frage an den Meister, ob ich, wenn die Zeit es erlaubte, zu Hause arbeiten könne; er hatte es nicht vergessen! Als das Wetter es dann noch immer nicht zuließ, draußen zu arbeiten, sagte er: »Du kannst am Montag den Sockel eures Hausflures in Angriff nehmen, ich werde dir dabei helfen.« Wir brauchten eine Woche, bis wir mit der Arbeit fertig waren. Geld hat er für seine Arbeit nicht verlangt. Auf die Frage, was er für die Arbeit verlange, war die schlichte Antwort: »Nichts.« Dass er bei uns essen und trinken konnte, war für unsere Familie selbstverständlich.

Es kam der Sommer 1949. Ich hatte am Hause Merfeld in der Trierer Straße, in direkter Nähe der Volksschule, eine Rinne gepflastert. Ich konnte im ersten Lehrjahr schon selbstständig pflastern, denn meine Arbeit, vom Meister anerkannt, war sehr ordentlich und präzise.

Mein Meister kam von einer anderen Baustelle, um zu sehen, wie weit ich mit meiner Arbeit war. Nachdem er mein Werk begutachtet hatte, sagte er: »Jupp, wenn du alt genug bist, suchst du dir ein anständiges Mädchen und gehst heiraten.« Ich war überrascht und konnte damals und auch noch einige Zeit danach mit diesem Satz des Meisters noch nichts anfangen.

Meine Eigenständigkeit im Pflastern wurde immer größer. Am Anfang kam ich mit den Höhenmessungen nicht so ganz klar. Man kann aus Fehlern nur lernen, man macht den ersten Fehler – und den zweiten dann nicht mehr.
Im Folgenden beschreibe ich die Baustellen-Projekte, die ich durchführen musste.

Meine Baustellen-Projekte

Saarlouis, Kleiner Markt

Arbeitsanfang war 6.00 Uhr morgens, Arbeitsende 18.00 Uhr. Mit dem Fahrrad, welches mir der Meister gekauft hatte, fuhr ich jeden Tag morgens von Lebach nach Saarlouis und abends die gleiche Strecke zurück. Den ganzen Tag wurde Akkord gearbeitet, zwischen 20 und 25 m² Pflaster war meine damalige Tagesleistung. Eines Tages kam August Kronenberger, einer der drei Chefs, und sah mir beim Pflastern zu. Er maßregelte mich, als ich einen Stein als Binder statt als Läufer setzte. Doch ich wusste, dass er Recht hatte und ich solche Steine nicht als Binder zu setzen hatte. Wie ich schon sagte, man macht schon mal einen Fehler, den zweiten dann aber nicht mehr. Die Kronenberger-Chefs waren Brüder mit Namen August, Peter und Schengel (Jean). Ihren Bruder Paul nannten sie den Abtrünnigen. Der Grund dafür war, dass Paul sich selbstständig gemacht hatte. Doch im Grunde genommen herrschte hier eine gute Firmenharmonie.

Kutzhof

Dort arbeitete ich für die Firma Christmann aus Heusweiler. Der Weg zu der Firma führte an der Kirche vorbei. Die Arbeit begann morgens um 6.00 Uhr und endete abends um 18.00 Uhr. Um pünktlich zur Arbeitsstelle nach Kutzhof zu gelangen, musste ich morgens schon um 5.00 Uhr in Lebach mit dem Fahrrad aufbrechen. Ich hatte sehr schnell erfasst, dass um diese Zeit ein Bus am Anfang des Jägerberges in Wiesbach an der Haltestelle stand. Da es mir an Einfaltsreichtum nicht mangelte, war ich immer pünktlich an dieser Bushaltestelle, hielt mich an der Busleiter fest (zu jener Zeit hatten die Busse an der Hinterfront eine Leitervorrichtung), und ab ging's von Wiesbach nach Mangelhausen. Dann fuhr ich wieder eigenständig mit dem Rad weiter, bergab nach Kutzhof. Ich machte meine Arbeit im Akkord und hatte zwei sehr gute Handlanger, die von der Grube an die Firma Christmann abgestellt worden waren. Diese Handlanger waren Brüder und wohnten in Heusweiler. Sie gehörten den Zeugen Jehovas an, die man damals mit gewisser Skepsis betrachtete, doch die beiden waren hervorragende Menschen.

Illingen-Hosterhof

Diese Baustelle in Illingen-Hosterhof wurde ebenfalls von der Firma Christmann ausgeführt. Der Meister und ich setzten die Bordsteine, und hier ergab sich nun eine Schwierigkeit: Keiner war fähig, die Verkehrsinsel zu vermessen und abzustecken. Doch mein Lehrmeister hat die Vermessung selbst vorgenommen, und wir haben die Verkehrsinsel mit Bordsteinen und Halbrinne fertiggestellt. Es handelte sich hier um die Strecke Illingen – Hüttigweiler, die am Krankenhaus vorbei nach Wemmetsweiler und Merchweiler führte. Nach der Fertigstellung der Insel besichtigte der Chef des staatlichen Straßenbauamtes, SSBA Saar, die Baustelle. In direkter Nähe von Herrn Christmann und dem Chef des SSBA Saar standen mein Meister Karl Wittman und ich und hörten, dass dieser Herrn Christmann zu dem gelungenen Werk – gemeint war die Verkehrsinsel – gratulierte. Ich sagte sehr laut zu meinem Chef: »Aber Meister, das haben *Sie* doch gemacht.« Doch er schaltete ganz schnell und meinte zu mir, ich solle ruhig sein.

Als die Begehung der Baustelle zu Ende war, sagte mein Meister etwas, das ich in meinem späteren Leben noch oft erfahren sollte:

Wirf deine Angst ab, verlass dich auf deine inneren Hilfsquellen, vertraue dem Leben und es wird dir vergelten, du vermagst mehr, als du denkst!
(Ralph Waldo Emerson)

»Jupp, merke dir eins fürs Leben, das Pferd, das den Hafer verdient, bekommt ihn nicht!«

Nachdem die Insel fertiggestellt war, ging der Meister an eine andere Baustelle und ich machte den Abschluss der Baustelle Hosterhof zur vollen Zufriedenheit der Firma Christmann und des SSBA.

Die Arbeitszeiten schienen überall konstant zu sein: Beginn 6.00 Uhr früh, Feierabend 18.00 Uhr, samstags von 6.00 bis 13.00 Uhr. Bei besonderen Arbeitsstellen, bei denen es zuerst auf die Fertigstellung durch den Pflasterer ankam, wurde der Arbeitsbeginn in die frühen Morgenstunden verlegt. Um diese Arbeit bewältigen zu können, wurde schon bei Morgengrauen angefangen und Feierabend war erst gegen 19.00 oder 20.00 Uhr – und dies immer im Akkord. Diese Zeitstruktur hat sich bei mir festgesetzt, ist auch heute nicht mehr aus mir herauszubekommen, ob es sich um eine Arbeit oder um die Mahlzeiten handelt. Es gab auf der Arbeitsstelle eine Pause von einer halben Stunde, in 5 – 10 Minuten wurden die mitgebrachten Brote gegessen, damit noch etwas Zeit zum Ausruhen blieb.

Wenn ich abends nach Hause kam, war ich oft so fertig, dass mein Kopf vor lauter Erschöpfung auf den Tisch sank. Nach Waschen und Essen ging es sofort ins Bett, denn ich musste morgens schon bei früher Dunkelheit aufstehen, um mit dem Motorrad, einem 250 DKW-EN-Z, welches meinem Meister gehörte, pünktlich auf der Baustelle zu sein.

Niederlosheim

In Niederlosheim, gleich bei der Kirche, habe ich die Pflasterarbeit für die Firma Hilt aus Heusweiler allein ausgeführt. Ich war mittlerweile im zweiten Lehrjahr, wurde morgens in der Frühe zu Hause mit dem LKW abgeholt und abends wieder zurückgebracht. Doch eines Abends, als ich Feierabend hatte, wartete ich vergeblich auf das Fahrzeug. Ich dachte: Die haben mich vergessen! Ich hatte kein Geld bei mir und so bin ich halt zu Fuß nach Hause gegangen. Es war dunkel und mein erster Weg führte zu meinem Meister. Der lag schon im Bett, schaute mich groß an und sagte: »Wo kommst du denn her.« Meine Antwort war: »Zu Fuß von Niederlosheim, die haben mich vergessen und ich hatte kein Geld dabei, um nach Hause fahren zu können.« Die Sache war für mich geklärt und ich ging nach Hause. Und in der Frühe des nächsten Morgen stand Jupp wieder an der Abholstelle. Es passierte nicht mehr, dass man mich vergaß, denn der Meister hatte dem Chef der Firma angekündigt: »Wenn das noch einmal passiert, stellen wir unsere Arbeit ein.«

Waldhölzbach

In Waldhölzbach musste ich eine Vollrinne pflastern, auch wieder für die Firma Hilt. Die Firma Hilt hatte einen Schullehrer eingestellt, der aus der Gefangenschaft kam und, um Geld zu verdienen ,im Straßenbau arbeitete, bis er wieder in den Schuldienst aufgenommen wurde. Wir verstanden uns sehr gut, und ich werde Otto, so hieß er, nie vergessen. Es war hervorragend, mit diesem Menschen zu arbeiten, denn er war schwer in Ordnung.

Auch zwei andere Mitarbeiter werde ich in meinem Leben nie vergessen. Sie wohnten beide in Landsweiler bei Lebach, Heinrich Schmitt, genannt *Fitze,* und Peter Holz, genannt *Pitchen*. Beide waren angenehme Menschen, die ich als Lehrling sehr mochte.

Ein Gemeindearbeiter sagte des Öfteren zu mir: »Wie kannst du nur bei diesem Mann (Wittmann) das Handwerk erlernen, so grob und rau, wie er ist!« Doch ich gab ihm zur Antwort: »Einen besseren Lehrmeister kann ich mir nicht vorstellen, er ist zu mir wie ein Vater.«

In meinem Lehrvertrag war als Lohn eingetragen: Im ersten Lehrjahr 500 Franken, im zweiten Lehrjahr 1000 Franken und im dritten Lehrjahr 1500 Franken. Doch ich bekam von meinem Meister monatlich 10.000 bis 15.000 Franken ausgehändigt, die ich dann prompt meiner Mama auszahlte, die ich dann prompt meiner Mama aushändigte.

Ich gehörte zur Familie Wittmann, wurde wie ihr eigener Sohn behandelt. Es war mir nichts zu viel, ich scheute mich vor keiner Arbeit, die mir aufgetragen wurde, ob es sich nun um Feld-, Garten- oder Säuberungsarbeiten rund ums Haus herum handelte. Man musste mich auf keine Arbeit aufmerksam machen, ich sah von selber, wo ich zupacken konnte. Es schrie hier keiner mit mir, denn gegen harte Töne war ich allergisch und bin es heute noch mit meinen 70 Jahren. Diese allergische Reaktion auf harte Töne möchte ich auch behalten!

Die Pflasterarbeiten, die wir damals ausführten, sind in ihrer Qualität noch so anzusehen wie 1950, als sie ausgeführt wurden. So zum Beispiel der Vorplatz vom alten Bürgermeisteramt in Schmelz, wo der Meister die eine Hälfte und ich die andere Hälfte pflasterte. Während der Arbeit wurde sehr wenig gesprochen, mein Meister hatte sich meinem Tempo angepasst. Ich hatte auch dessen Rhythmus sehr schnell begriffen, sodass unser beider Rhythmus sehr bald gleich war. Der Lehrmeister hat gezogen und ich habe getrieben, so nennt man den Akkord beim Pflastern. Herr Wittmann war immer der erste Pflasterer, ich der zweite, sein Sohn der dritte Pflasterer; er hat nach mir seine Lehre bei seinem Vater absolviert. Dann kam noch ein vierter Pflasterer, Gerhard Schäfer. Walter, der Sohn meines Lehrmeisters, und Gerhard waren beide sehr gut in ihrem Fach, doch an Schnelligkeit war ich ihnen ein wenig überlegen.

Die Jahre 1950 – 1958

Krankenhausaufenthalt in Saarlouis

1950 wurde ich im Städtischen Krankenhaus in Saarlouis am Blinddarm operiert. Dies hatte ein Vorspiel und ein Nachspiel. In dieser Zeit hatten wir wenig Aufträge und mein Meister und ich reparierten das häusliche Dach und mauerten mit Backsteinen ein neues Gesims an der Dachseite. Donnerstag bekam ich Schmerzen im Bauchbereich, die Freitag und Samstag nicht vorübergingen. Sonntag spielte ich noch Fußball und Montag ging ich auch zur Arbeit, bis ich abends, so gegen 18.00 Uhr, wegen unerträglicher Schmerzen auf dem Dachboden zusammenbrach. Sofort ging es zum Arzt, seine Diagnose war: »Hochgradige Blinddarmentzündung«, und er überwies mich sofort ins Krankenhaus nach Saarlouis. Ich wurde noch am gleichen Abend operiert und während der Operation platzte der Blinddarm, und der Eiter lief in den Bauchraum. Drei Tage nach der Operation hielt ich die Schmerzen nicht mehr aus, der Arzt kam, nahm den Verband weg und sah, dass sich an der Wunde eine Geschwulst gebildet hatte, groß wie ein Gänseei. Der Arzt nahm eine Pinzette, stach in die genähte Wunde und der Eiter spritzte nur so heraus. Die Wunde wurde ganz geöffnet und von da an musste ich 8 Tage auf dem Bauch liegen, sodass der Eiter aus dem Bauchraum abfließen konnte. Die Wunde wurde nicht mehr zugenäht, sie musste von innen heraus heilen. Insgesamt lag ich 6 Wochen im Krankenhaus.

An einem Samstag wurde ich entlassen und hatte kein Geld für die Heimfahrt von Saarlouis in meinen Heimatort Lebach, also ging ich zu Fuß nach Hause. Nach mehreren Stunden Fußmarsch bin ich zu Hause angekommen und ging auch schon anschließend zu meinem Lehrmeister, der sehr froh war, mich zu sehen. Schon zwei Tage später habe ich meine Arbeit auf der Baustelle in Thalexweiler, Kirchstraße aufgenommen. Mein Lehrmeister sagte: »Arbeite nur so viel, wie du kannst.« Das war montags, schon dienstags war ich im gewohnten Rhythmus, Mittwoch hatte ich schon die Pflasterramme in den Händen und rammte die Halbrinne fest, es ging alles gut. Nach zwei bis drei Tagen war ich wieder in Ordnung und konnte wie vor der Operation arbeiten.

Der Einsatz geht weiter

1951 trennte ich mich von meinem Lehrmeister wegen einer sehr dummen Auseinandersetzung, konnte aber sofort beim Staatlichen Straßenbauamt SM2 in Lebach als Pflasterer anfangen. Es handelte sich hier hauptsächlich um Reparaturen der Pflasterstraßen im gesamten Kreis Saarlouis.

In meiner Lehrzeit bei Pflasterer Karl Wittmann hatte ich erkannt, dass der Grundstock eines Menschen in der Familie festgelegt wird. Doch mit der Zeit kam ich zu der Erkenntnis, dass die wichtigste Zeit eines jungen Menschen seine Lehrzeit ist. Man geht in die Lehre, damals bereits mit 14 Jahren (ich war 14 ½) und bleibt drei Jahre, mit anschließender Gesellenprüfung. Hat man in diesen drei Jahren einen guten Lehrmeister, der einen Lehrling nicht nur fachlich, sondern auch menschlich auf sein zukünftiges Leben vorbereitet, so kann man von Glück sagen, solch einen Menschen gefunden zu haben. Mein Lehrmeister Karl Wittmann ist heute noch mein Vorbild und wird es bis zu meinem Lebensende bleiben. Ich wünsche jedem Lehrling einen Lehrherrn, wie ich ihn hatte, dann sähe die Welt anders aus.

Von 1951 – 1954 war ich dann hauptsächlich mit Pflasterarbeiten beschäftigt. 1954 absolvierte ich die Straßenwärterprüfung. Doch ich wollte vom SSBA weg, um im Akkord zu arbeiten, denn ich wollte mehr verdienen, und so versuchte ich, die Straßenwärterprüfung nicht zu bestehen. Der Straßenmeister Max Scheil war ein guter Chef; wo er seinen Untergebenen helfen konnte, dort half er auch. Er wusste, dass ich die Straßenwärterprüfung nicht bestehen wollte, damit ich einen Grund zur Entlassung hätte. Doch ich bestand die Prüfung mit Ach und Weh und war am Ende ein geprüfter Straßenwärter.

Anschließend wurde mir die Strecke Lebach – Schmelz – Gottesbelohnung anvertraut, die in einem sehr schlechten Zustand war. Aber in kurzer Zeit hatte ich meine Strecke in Ordnung und wurde anschließend für andere Arbeiten wie Bäumefällen und Pflastererarbeiten eingesetzt. In dieser Zeit hatte Heinz Alois die Vertretung

1953 bekam ich von Frau Winter, deren Mann Huppert einer meiner besten Arbeitskameraden war, übrigens den Namen *Der Pflasterer Jupp*. Die Winters wohnten in Berus in der Nähe der deutsch-französischen Grenze.

1955 lernte ich meine jetzige Frau Annemarie kennen. Dazu möchte ich folgende Geschichte erzählen, die »typisch Jupp« war. Es war ein Sonntag, als ich das erste Mal das Elternhaus meiner Frau betrat. Einen Tag zuvor hatte ich in einer Gaststätte eine Prügelei, meine Kameraden saßen dabei und halfen mir nicht. Mein Kontrahent war in großer Not, da ich stärker war als er, und zerkratzte mir das Gesicht – und ich sollte doch am anderen Tag im Elternhaus meiner Frau zum ersten Besuch erscheinen! Ich hatte in Lebach Blumen gekauft und fuhr mit dem Zug nach Eppelborn. Mit den Blumen war es mir schon etwas peinlich und so versteckte ich sie unter meinem Mantel im Bereich der Achselhöhle. Ich kam ins Haus, meine zukünftige Frau Annemarie öffnete mir und sagte: »Um Gotteswillen, wie siehst du denn aus?« Meine Antwort war: »Ich bin gestern mit meinem Fahrrad in eine Hecke gefahren.« Dann übergab ich ihr die Blumen, doch es waren nur noch die Stiele vorhanden, die Blüten waren ab. Sie lachte, und die Blumen oder besser gesagt das, was von ihnen übrig war, landeten auf dem Müll. Das war das erste und auch letzte Mal, dass ich mit Blumen über die Straße ging. Solche Aufwartungen waren nichts für mich!

Anschließend ging es ins Wohnzimmer zu Annemaries Mutter, wir begrüßten uns und ich wurde sofort angenommen. Später sagte Annemarie zu mir: »Mutter hat, als du weg warst, gesagt: ›Eingebildet scheint er nicht zu sein, sonst wäre er mit diesem Gesicht nicht zu uns gekommen, besonders, da es das erste Mal war.«" Sie wusste auf Anhieb, dass es nicht die Dornenhecke gewesen war, die mein Gesicht zerkratzt hatte. Sie hatte drei Söhne, alle drei waren Ringer, dazu noch vier Mädels. Das Erste, was der jüngere Bruder Theo zu mir sagte, war: »Wenn du unsere älteste Schwester ›freien‹ (heiraten) willst, gehst du hier in Eppelborn in den Verein der Ringer.« Diesen Befehl habe ich, wenn auch schweren Herzens, ausgeführt. Theo wurde *Der Ringerprofessor* genannt und war damals, Anfang der fünfziger Jahre, einer der weltbesten Ringer seiner Gewichtsklasse. Er war 1954 in der Olympiamannschaft für Rom eingeteilt, doch sein damaliger Lehrmeister, Metzgermeister Josef Sturm, gab ihm nicht frei. Theo nahm es so hin, er hätte die Härte seines Bruders Heinz haben müssen, denn im Grunde genommen war er zu weich – er konnte einfach keinem weh tun.

Mit der Zeit hatte ich im Ringen eine gewisse Fertigkeit erreicht und wurde vom saarländischen Ringermeister zu einem Trainingskampf herausgefordert. Ich nahm an, und in der ersten Runde verpasste er mir einen Überstürzer (ein Griff der Ringer) und renkte mir dabei mein Schultergelenk aus. Ich schrie vor Schmerzen und mein Gegner stand mit gespreizten Beinen über mir und lachte mich aus. Mich packte die Wut, doch ich konnte mir nicht mehr helfen. Man brachte mich zu einem Arzt, der mich behandelte, und ich hatte bei den Ringern eine Ruhepause von vier Wochen!

Gut sechs Wochen später fragte mich mein ehemaliger Gegner, ob ich schon mal geboxt hätte. Ich konnte boxen, verneinte dies aber mit dem Hintergedanken: Hoffentlich beißt er an. Er besaß Boxhandschuhe, 9 Unzen stark für die damaligen Amateure, ich besaß aber ebenfalls Boxhandschuhe dieser Stärke. Es wurde ein Tag festgelegt, an dem der Boxkampf stattfinden sollte. In unserem Trainingslokal wurde ein Ring aufgebaut, ein Ringrichter für den Boxkampf bestellt, und der Tag rückte immer näher. Ich wusste, ringen konnte mein Gegner, aber im Boxen war ich ihm weit überlegen, da ich diese Sportart von Kindheit auf gelernt hatte. Anfang der fünfziger Jahre sind wir, ein Schulkamerad, Hans Graf, und ich abends von Lebach bis nach Heuseiler gelaufen, von dort weiter mit der Straßenbahn bis zum Landwehrplatz zum Training gefahren. Unser Trainer waren der damalige Nationaltrainer Fritz Staub und sein Co Ernst Petry, die uns in die hohe Boxkunst einweihten.

Der Boxkampf in Eppelborn war auf 3 Runden angesetzt, jede Runde mit 3 Minuten. Der Gong gab uns frei zum Boxen, ich tastete meinen Gegner schnell ab und schlug ihm auf den Mund – mit der Folge, dass mein Gegner den schönen Goldzahn, der in seinem Mund blinkte, verschluckte. Während er würgte, verpasste ich ihm einen Aufwärtshaken in die Magengegend und der Goldzahn kam wieder zum Vorschein. Der Ringrichter brach den Kampf ab, übergab den Goldzahn einem Zuschauer und der Kampf ging weiter. Mein Gegner bekam viele Schläge ab und die Runde war am Ende. In Runde drei machte ich von Anfang an nicht viel Federlesen und schlug meinen Gegner k.o. Er wurde ausgezählt, bevor sie ihn zu sich brachten, und nun stand *ich* über ihm und lachte genauso höhnisch, wie er seinerzeit beim Ringen über mich gelacht hatte. Sofort ging ich an den Rand, wo sämtliche Ringer standen, und sagte zu ihnen, falls jemand Spaß hätte, sich neben ihn zu legen, so wäre ich bereit. Keiner folgte dieser Aufforderung. Diese Tat ging im Lauffeuer durch Eppelborn und ich wurde durch diesen Boxkampf als Eppelborner aufgenommen. Ich wurde respektiert und es wagte keiner, mit mir einen Streit anzufangen.

Das Leben damals war hart, aber es sollte noch härter werden. Eines habe ich gelernt: Wenn man mit dem Mund nicht weiterkommt, geht es auch anders, nur ist man in gewisser Hinsicht gebrandmarkt. Ich war ein Autodidakt, habe nicht nur mit dem Kopf und mit den Händen gearbeitet, sondern auch Augen und Ohren offen gehalten. Einmal sagte der Oberbauführer der SM2 in Lebach zu mir, nachdem ich mich darüber beschwert hatte, dass keine Aufstiegsmöglichkeit für mich in Aussicht sei: »Wir brauchen auch Leute zum Arbeiten.« Und dies hat mir die Augen geöffnet. Ich dachte nämlich, immer nur durch Fleiß, Offenheit und Ehrlichkeit käme man im Leben weiter. Doch darin hatte ich mich getäuscht.

Ich heiratete meine Annemarie am 7. Mai 1956. Am Abend zuvor hatten wir, wie es bei uns so Brauch war, mit Kameraden im *Hotel Sträßer* in Lebach den Polterabend gefeiert. Zu unserer Hochzeit waren nicht viele Gäste eingeladen, da wir beide kein Geld hatten. Den schwarzen Anzug, den ich zur Hochzeit trug, hatte mir meine Mama für wenig Geld von einem Bekannten gekauft, der bereits 1939 geheiratet hatte. Von meinen Eltern war nichts zu erwarten und meine Schwiegermutter besaß nicht genügend Geld, um eine Hochzeit zu finanzieren. Mein Schwiegervater war Oberinspektor auf dem Amt, und durch die Entnazifizierung war die Familie, die sieben Kinder hatte, arm geworden. Ich hatte meinen Schwiegervater nicht mehr kennengelernt, da er 1954 vor Kummer krank wurde und verstarb.

Nach der Trauung stand vor der Kirchentür in Eppelborn ein Sägebock mit Holz, davor war ein Seil gespannt, an dem wir nicht vorbeikamen. Es war früher ein alter Brauch, dass das Brautpaar vor der Kirchentür sägen musste, bis das Holz durch war, was wir natürlich, trotz der stumpfen Säge, die man uns gab, auch fertigbrachten. Dann erst war der Weg für uns frei.

Nach der Hochzeit kam eine Abordnung der Feuerwehr aus Lebach zu uns, und da mein Pate, der eigentlich versprochen hatte, uns mit dem Taxi nach Hause zu fahren, uns sitzen ließ, fuhren wir gegen 22.00 Uhr mit dem Rüstfahrzeug der damaligen Lebacher Feuerwehr nach Lebach, wo wir uns eine sehr bescheidene Wohnung eingerichtet hatten. Auf dem Weg nach Lebach sagte der Chef der Feuerwehr, Nicolaus Kallenborn: »Jetzt geht ihr noch mit ins Hotel Klein, da sitzen die anderen Wehrmänner in der Gaststätte.« Am selben Tag hatte eine Routineübung stattgefunden. Als wir dann in die Gaststätte kamen, war der Jubel groß, als man uns sah, meine Frau in ihrem Brautkleid und ich im schwarzen Anzug. Nach kurzer Zeit entstand im Raum der Gaststätte eine kleine Auseinandersetzung. Ich nahm mir den Anstifter vor und setzte ihn vor die Tür, deutlicher gesagt: Er flog vor die Tür.

Ich hatte vom Hochzeitstag an gerechnet 14 Tage Urlaub und ging in dieser Zeit Gelegenheitsarbeiten nach, die mir angeboten wurden, damit wir leben konnten. Ich bekam zwar am 15. April meinen Lohn von der Straßenmeisterei, aber den musste ich auf Heller und Pfennig zu Hause abgeben. Ich hatte von meiner Mutter für die Hochzeit 5000 Franken bekommen, mit denen ich aber schon meinen Polterabend finanzieren musste. Zu dieser Zeit war ich zudem schon mehrere Jahre im Lebacher Spielmannszug. Und die letzten 2000 Franken bekamen die Kameraden, die den Hochzeitsbrauch vor der Kirchentür in Eppelborn mit Strick, Sägebock und der dazugehörenden stumpfen Säge inszeniert hatten.

Meine Frau und ich gingen immer zu Fuß von Lebach nach Eppelborn, um etwas Essen zu bekommen. Da meine Schwiegermutter selbst nicht viel zur Verfügung hatte, blieb für uns beide nicht viel übrig. Meine Tante Lena rief mich sehr oft vom Berg hinter unserem Haus in Lebach und gab mir dann Lebensmittel, oder sie brachte welche in unsere Wohnung in der Lebacher Kapellenstraße.

Einige Zeit später bezogen wir eine Wohnung in Eppelborn, wo am 14. April 1957 unser Sohn Max auf die Welt kam. Es war ein Sonntag, die Geburt fand zu Hause auf dem Sofa statt.

In der Zeit nach unserer Hochzeit, vom 7. – 15. Mai war kein Geld mehr vorhanden, erst am 15. Mai bekam ich meinen Lohn, aber Tante Lena hat uns in dieser schwierigen Zeit nicht im Stich gelassen. In diesen Tagen verlegte ich in der Nachbarschaft meines Elternhauses bei einer Kriegerwitwe Platten. Sie hatte kein Geld und ich hatte kein Geld. Da nichts an Barschaft vorhanden war, arbeitete ich fürs Essen. Das gleiche finanzielle Problem bestand beim Bau der Ketteler Siedlung, die vom damaligen Kaplan Spang ins Leben gerufen wurde. Die Bewerber für diese Häuser wurden vor zwei Alternativen gestellt: Entweder mussten sie alles zahlen, wenn Geld vorhanden war, oder sie konnten durch die Ableistung von Arbeitsstunden ihren Betrag reduzieren.

Da ich der Familie eines Kameraden durch Arbeit im Stundentakt geholfen hatte, war ich in der Halle (heute stehen dort die Blindenschule und ein Gymnasium) gerne gesehen, denn ich konnte gut und schnell arbeiten. Herr Peter Warken, ein älterer Mann, saß auf einem Stuhl daneben, rauchte seine Pfeife und schaute mir mit Nicolaus Kallenborn bei der Arbeit zu. Ich schaufelte am Brecher die Asche auf die Seite, die von vier oder fünf Mann in den Brecher eingeschaufelt wurde. Aus der gemahlenen Asche wurden die Steine hergestellt.

Einem anderen Kameraden, der in Lebach bei der Firma Klein Maurer gelernt hatte, half ich das gesamte Haus für seine Familie zu bauen, gelegentlich hatte er den Maurermeister Herrn Buchholz, der Bruchsteine mauern konnte. Mit Bruchsteinen wurde das Kellergeschoss von Buchholz und vom Sohn des Hausbesitzers, der in der Lehre als Maurer tätig war, gemauert. Der Besitzer und ich arbeiteten als Handlanger und in dieser Zeit lernte ich Bruchsteine mauern! Anschließend wurde die Decke eingeschalt und mit Beton-Kesselasche betoniert. Maurer Buchholz war inzwischen nicht mehr dabei. Die weitere Arbeit wurde von Guido, dem Sohn des Hausbesitzers, und mir gemacht. Schließlich legten wir den Firstbalken auf die oberste Spitze des Hauses, anschließend kam der Dachdecker, dann wurde das Dach aufgebaut. Der Wohnbereich wurde mit Galoppsteinen (diesen Namen hatten die Steine damals) und Backsteinen (HO-Steine = Hochofensteine) gemauert. Guido und ich mauerten die Zwischenwände nach dem Betonieren der nächsten beiden Decken.

Hiermit war meine Arbeit erledigt, ohne Honorar, wie es sich damals gehörte; einer half dem anderen! Gearbeitet wurde damals nur fürs Essen, aber nur das, was diese Familie, die selbst finanziell schwach war, anbieten konnte. Butter war ein Fremdwort zu jener Zeit. Es wurde nun Richtfest gefeiert mit Bier und Broten, die mit Margarine und Wurst belegt waren. So war das Leben und die Arbeit im Krieg und auch nach dem Krieg. Ich arbeitete sehr oft für Gottes Lohn, weil die Not sehr groß war.

1957 wurde ich Mitglied im IVE, dem Instrumental-Verein Eppelborn. Meine erste Anwesenheit in der Probe war zugleich die letzte des damaligen Dirigenten König. Bei dieser Probe war der Dirigent der Bergkapelle, Herr Weber, anwesend, der seine Kompositionen mit den Eppelborner Musikern ausprobierte. Diese Kompositionen, ob es sich um einfache Märsche, Prozessionsmärsche oder Trauermärsche handelte, waren von hoher Qualität und entsprechend schwer zu spielen. Nicht von ungefähr hatte sich Weber den Instrumentalverein Eppelborn ausgesucht, der aus überaus fähigen Musikern bestand. Die zweite Probe fand schon unter der Leitung des jungen Dirigenten Oswald Kunz statt. Ich wurde von Emil Houy als Schlagzeuger und für die große Trommel angelernt, von August Groß für die kleine Trommel, nach Noten. Binnen kurzer Zeit konnte ich das erste Ständchen als Schlagzeuger darbieten. Es dauerte nicht sehr lange, da klappte es auch mit dem kombinierten Schlagzeug/Konzertschlagzeug und dem Becken und auch mit der kleinen Trommel.

Ich wurde sehr schnell als vollwertiges Mitglied in das große Orchester aufgenommen. Das Blasorchester war mit 55 Musikern besetzt, das Streichorchester mit 60 Musikern. Ich bediente in beiden Orchestern das Schlagzeug, Becken solo, Pauken und kleine Trommel, dazu kamen mit der Zeit das Glockenspiel – Lyra, Röhrenglocken und Gong. Die Lyra hatte ich mehrmals bei Feuerwehrfestzügen gespielt. Im IVE herrschte damals eine sehr gute Kameradschaft, Jung und Alt hielten zusammen wie in einer Familie.

Zwischen 1956 und 1958 wurde ein Orchester des SSBA gegründet. Von jeder Straßenmeisterei waren Musiker anwesend, sodass es einen sehr guten Klangkörper bekam. Der Dirigent war Leo Reichert, ein Vollblutmusiker, der aus jedem einzelnen Musiker des Orchesters das Optimum herausholte. Bald war das Orchester des SSBA Saar weit über die Grenzen des Landes bekannt. Im SSBA Saar war ich Schlagzeuger, bis ich die Straßenmeisterei 1958 verließ. Der Kontakt blieb 42 Jahre lang bestehen, bis er im Jahre 2000 abbrach.

1958 ging ich von der Straßenmeisterei 2 in Lebach weg, weil meine Aufstiegsmöglichkeiten gleich null waren. Doch bei meiner Verabschiedung hatte ich einem Arbeitskameraden ein Versprechen gegeben: »Wenn es mir einmal besser gehen sollte, werde ich an euch denken.« Als es mir dann wirklich finanziell besser ging, habe ich immer einen Teil zu ihrem Weihnachtsfest beigetragen. Doch als meine früheren Arbeitskollegen in Pension gingen, verlor sich auch dieser Kontakt.

Kinder

1957 wurde am 14. April unser Sohn Max geboren. Die Mittlere Reife bestand Max mit Auszeichnung und wurde dafür mit einem Geschenk des damaligen Landrates bedacht. Es war das zweitbeste Zeugnis in einer Externen Prüfung im Saarland. Anschließend besuchte er die Krankenpflegeschule im St. Josef Krankenhaus und hat die Prüfung mit *Sehr gut* bestanden. Er hat meine Naturheilpraxis in Eppelborn übernommen.

Unsere Tochter Dorothea wurde am 5. Dezember 1958 geboren. Sie hat die Mittlere-Reife-Prüfung mit der Note *Gut* bestanden, hat anschließend das Fachabitur absolviert und in Trier und an der Universität in Kassel Architektur studiert. Heute wohnt sie in Saarbrücken und ist beruflich selbstständig.

Tochter Anne wurde am 28. März 1963 geboren. Sie war als junger Mensch sehr oft krank. So fehlte sie zum Beispiel einmal 125 Schultage im Jahr, es war das härteste Jahr. Doch ihre Schulkameraden brachten ihr die Hausaufgaben. Sie besuchte wie ihre Schwester Dorothea die Realschule in Eppelborn. Rektor war damals Schulleiter Reinhold Bost aus Eppelborn, er und das gesamte Lehrpersonal behandelten unsere Kinder sehr gut. Anne hatte, trotz ihrer vielen Unterrichtsausfälle, das zweitbeste Abschlusszeugnis.

Tochter Maria wurde am 27.12.1967 geboren. Auch sie besuchte die Realschule in Eppelborn und hat anschließend wie ihre Schwester Anne eine medizinisch-technische Ausbildung abgeschlossen, dann in Saarbrücken eine logopädische Ausbildung mit Prüfung absolviert, bevor sie als Lehrkraft an der Logopädischen Schule eingestellt wurde. Vorher war sie in Lebach an der Gehörlosen-Schule tätig gewesen.

1958 – 1960

Ich ging dann in die Privatwirtschaft zu einer Straßenbaufirma und wurde als Vorarbeiter eingestellt, war dort aber zu meinen Untergebenen so unfair, dass sie genau das Entgegengesetzte von dem ausführten, was ich anordnete. Ich war damals der Überzeugung, mit dieser Art der Behandlung meiner Untergebenen richtig zu liegen. Es war für mich eine Lehre und eine neue bittere Erfahrung im Bereich: Wie gehe ich mit Menschen um? Aber es war zu spät, ich nahm meine Papiere, was dem Chef allerdings nicht gefiel. Es war eine harte Zeit für mich, denn mein Verhalten meinen Untergebenen gegenüber war nicht mehr gut zu machen, die gesamte Mannschaft, auch der leitende Ingenieur, hatte sich gegen mich verschworen.

So ging ich als Pflasterer und Vorarbeiter zu einer anderen Firma. Diese Firma hatte sich auf den Gleisbau spezialisiert, was mich schon interessierte, denn so hatte ich die Möglichkeit, auch diesen Bereich kennen zu lernen. Schon nach kurzer Zeit hatte ich mir solche Kenntnisse erworben, dass ich selbstständig im Gleisbau arbeiten konnte. Es war damals noch so, dass so ziemlich alles von Hand bereitet wurde, wie Auskofferungen unter den Schwellen, Einfüllen von Schotter, Schienen wechseln oder den Schotter stopfen. Diese Arbeiten wurden bei laufendem Fahrplan der Züge gemacht, es durfte keinen Aufenthalt der Züge geben, denn dies hätte die Firma viel Geld gekostet. Also hatte man darauf acht zu geben, dass man den Fahrplan der Züge kannte, deren Abfahrt und Ankunft, um dazwischen arbeiten zu können. Im Straßenbau führte ich sämtliche Pflasterarbeiten aus, und wenn ich im Gleisbau gebraucht wurde, war ich auch dort. Es erforderte nur ein Umdenken von Straßenbau auf Gleisbau, um diese Arbeit zu verstehen.

1960 – 1963

Im März 1960 kam ein Unternehmer und bot mir eine Meisterstelle in seinem Tiefbaubetrieb an. Das war das, was ich wollte, um durch Fleiß beruflich aufzusteigen. Von April 1960 – bis Ende März 1963 habe ich sämtliche anfallenden Aufträge im Straßenbau, bei der Errichtung von Sportplätzen und im Kanalbau mit der zuständigen Mannschaft ausgeführt.

Es waren in der Mannschaft während dieser drei Jahre immer fünf Italiener und ein deutscher Student in meiner Kolonne, je nach Position waren es auch mehr Personen. In dieser Zeit wurde, wie schon erwähnt, ziemlich viel von Hand gearbeitet. Da ich den Straßenbau von Grund auf kannte, konnte ich meinen Untergebenen viel beibringen. Sie waren alle sehr lernbegierig, hauptsächlich der Student. Dieser konnte Bord- und Randsteine setzen, schächten, mauern und zum Teil Maschinen bedienen. Zudem wurde ein Schachtmeister, der hauptsächlich in der Bachregulierung tätig gewesen war, für den Straßenbau angelernt.

Es war eine gute Zeit, und ich beging den Fehler nie mehr, den ich damals gemacht hatte: Diesmal ging ich mit meinen Leuten anständig und fair um, und das machte sich bezahlt. Wir waren auf der Baustelle wie eine Familie, und meine Devise hieß damals: »Wenn es meinem Chef gut geht, geht es mir auch gut.« Dieser Devise bin ich bis heute treu geblieben.

Bevor der Unternehmer mir das Angebot machte, als Schachtmeister in seiner Firma im Angestelltenverhältnis tätig zu sein, gab es kurz zuvor eine Gemeinderatssitzung der Gemeinde Eppelborn mit dem Tagesordnungspunkt *Vorarbeiter der Gemeinde Eppelborn*. In der damaligen Zeit war es eine sehr große Seltenheit, wenn überhaupt, dass eine Gemeinde einen Pflasterer mit Gesellenprüfung und noch dazu Straßenwärter mit Prüfung beschäftigen wollte, der den Straßenbau und die Straßenunterhaltung kannte. Ich bewarb mich für diese Stelle, doch man hat einen gelernten Schneider als Vorarbeiter eingestellt. Der Vorteil des gelernten Schneiders lag darin, dass er einen Vater hatte, der politisch im Kreistag tätig war.

Natürlich griff ich jetzt bei der Schachtmeisterstelle zu. 1963 wurde der Vorarbeiter der Gemeinde Eppelborn zum Wasserzweckverband nach Ottweiler versetzt und die Stelle des Vorarbeiters wurde wieder frei und nochmals ausgeschrieben. Ich bewarb mich wieder, mit mir auch ein Maurer derselben Firma, in der auch ich zu der Zeit tätig war. Der Gemeinderat hatte sich dieses Mal für mich entschieden, doch ich nahm aus Trotz die Stelle nicht an. Die Stelle des Gemeindevorarbeiters bekam dann der Maurer, der sie mit Freuden annahm.

Ich ging, allerdings schweren Herzens, auf Montage zur AHI, der Allgemeinen Hoch- und Ingenieurbau, Düsseldorf, Zweigstelle Lebach/Saar. Der erste Arbeitstag war der 1. April 1963 in der Eifel, zwischen Prüm und Lissingen. Der zuständige Bauleiter nahm mich in seinem Auto mit und es wurde auf der ganzen Fahrt kein einziges Wort gesprochen. Auch ein Gruß von mir auf der Baustelle wurde nicht erwidert. Doch fand er seinen Meister in einem Gräderfahrer, den man auf der Baustelle den *Gräder Jupp* nannte und der eine sehr schwer zu bedienende Allzweckmaschine fahren musste. Dieser konnte jede Maschine bedienen und war daher unentbehrlich für die Baustelle, wodurch er sich seinem Vorgesetzten gegenüber so manches erlauben konnte. Ich musste als Schachtmeister die Baustelle für die Abnahme fertigstellen. Für diese Arbeiten waren acht Arbeiter erforderlich, vier Jugoslawen und vier Einheimische.

In Büdesheim, zwischen Prüm und Lissingen gelegen, hatte ich ein Quartier bei der Familie Leonhard Eul gefunden, war dort auch sehr gut aufgehoben. Der Kontakt zu dieser Familie bestand noch viele Jahre danach. Nach Feierabend ging ich durchs Dorf spazieren und hörte eines Abends Hausmusik. Ich fragte einen meiner Untergebenen, der sein Quartier in diesem Hause hatte: »Was ist das jeden Abend für eine Hausmusik, die ich beim Abendspaziergang höre?« Wenig später überbrachte er mir die Einladung der musikalischen Familie. Die Hauskapelle bestand aus Akkordeon, Klarinette und Geige, und nun kam ich mit dem Schlagzeug hinzu. Die Musik war nicht schlecht. Hansel war erst 13 Jahre alt, spielte Akkordeon, der Vater Geige und ein Cousin von Hansel die Klarinette.

Nach ein paar Wochen war die Arbeit an der Baustelle zu Ende und ich wurde nach Wipperfürth versetzt. Dort bekam ich einen Auftrag für eine Baustelle, wo ich von 1963 bis 1964 für die Erdbau- und Plasterarbeiten zuständig war. Zunächst ging es um die Baustelleneinrichtung, mit der folgende Arbeiten verbunden waren: Bäume fällen, Barackenaufstellung für die gesamte Mannschaft, Vermessung des gesamten Projekts, Beschilderung für den Erdbau und die Pflasterarbeiten. Mir wurden ein Vorarbeiter und ein Hilfsschachtmeister zugeteilt; mir übergeordnet waren ein Oberschachtmeister, ein Bauleiter und ein Oberbauleiter. Die Baustelle hatte eine Länge von 10 km, von Kürten bis Wipperfürth hinter der *Gaststätte Neu*, Ortseingang von Wipperfürth. Wir mussten bei laufendem Verkehr arbeiten, was manchmal mit großen Schwierigkeiten verbunden war.

Ich hatte meine mir aufgetragenen Arbeiten gut im Griff, meine Mannschaft funktionierte sehr gut, was allerdings bei meinen Vorgesetzten nicht so gut ankam. Sie versuchten mich und meine Arbeit zu behindern und den Vorarbeiter und Hilfsschachtmeister gegen mich aufzuwiegeln, was ihnen schließlich auch gelang. Nur wusste ich mich zu wehren, denn meine Mannschaft stand geschlossen hinter mir. Sie lehnte sich gegen meine Vorgesetzten auf, was ich allerdings zu unterbinden versuchte und auch in den Griff bekam.

In den großen Schulferien kamen meine Frau und die älteste Tochter für einen 14-tägigen Aufenthalt zu mir nach Wipperfürth. Am Tage ging meine Frau mit der damals 5-jährigen Tochter (wir hatten inzwischen drei Kinder) spazieren und einer der Arbeiter sagte zu meiner Frau: »Heute Nacht hat man die Reifen unseres Oberschachtmeisters durchgeschnitten, doch um Ihren Mann brauchen Sie sich keine Sorgen zu machen, dem passiert auf der Baustelle nichts, wir stehen alle hinter ihm.«

Bei den Vermessungsarbeiten wurden die Höhen der Querprofile nachgerechnet. Wir stellten einen Rechenfehler von einem Meter fest. Das kann immer mal vorkommen und ich ging mit dem Plan zu meinen Vorgesetzten und sagte ihnen, dass ein Rechenfehler gefunden worden sei. An und für sich brauchte man diesen nur zu verbessern, aber mir wurde gesagt, dass ich nach dem Höhenplan arbeiten solle, da das Ingenieurbüro dafür verantwortlich sei. Ich erwiderte: »Lasst die Firma, die die Planung für dieses Projekt erstellt hat, nicht extra für diesen Rechenfehler auf die Baustelle kommen, wir können ihn selbst beheben.«

Doch ich musste, trotz des Rechenfehlers, nach vorhandenen Höhenplan arbeiten, und entsprechend sah das Erdplanum aus. Anschließend kam die Chefin vom Ingenieurbüro, eine sehr resolute Person, auf die Baustelle, bemerkte sofort den Rechenfehler und meinte, dass die Baufirma verpflichtet sei, die Höhen zu kontrollieren. Dann sagte sie: »Diese Arbeit hättet ihr euch ersparen können und wenn ihr glaubt, mir diesen Fehler in Rechnung stellen zu können, irrt ihr euch. Eines möchte ich als Chefin und Frau dieses Ingenieurbüro sagen: Ihr seid fiese Typen.« Nach dieser Rede ließ sie die Obrigkeit stehen und fuhr davon.

Die Arbeiten wurden fortgesetzt. Außer den Arbeiten, für die ich verantwortlich war, gab es noch einen Schachtmeister, der für die Bitumendecke verantwortlich war. Damals wurde schon eine 30 cm dicke Tragschicht, Körnung 0/30 mm, in zwei Lagen eingebaut, mit einer Binderschicht und als Schlussschicht die Verschleißdecke. Sämtliches Bitumenmaterial für die drei Schichten wurde in einer stationären Mischanlage auf der Baustelle hergestellt. Für diese Arbeit war ein Mischmeister zuständig.

Auch der Marktplatz in Wipperfürth wurde in dieser Zeit von unserer Firma ausgebaut. Zuständig war ein Kollege von mir, der Schachtmeister im Tiefbau war, ein sehr guter Mann.

Freitags nachmittags fuhr ich zuerst nach Hause nach Eppelborn und noch am selben Tag nach Lebach zu meinen Eltern, zu meinem Lehrmeister und den nächsten Verwandten. Als ich an einem Samstag nach Hause kam, erfuhr ich, dass Onkel Hammer im Sterben lag, und man bat mich, zu ihm zu gehen.

Für mich war es eine Freude, ihn lachen zu sehen, als er mich erblickte, denn das hatte er noch nie getan. Und es war das erste und das letzte Mal, dass ich ihn lachen sah. Wir sprachen kurz über Gott und die Welt und ich verabschiedete mich von ihm, versprach ihm, dass ich ihn in acht Tagen wieder besuchen würde. Anschließend gab ich seinem ältesten Sohn Robert meine Telefonnummer von Wipperfürth und die der Baustelle und sagte zu ihm: »Wenn Onkel Hammer stirbt, rufe mich bitte unter einer der beiden Nummern an.« Denn im Grunde genommen mochte ich Onkel Hammer sehr.

Am Anfang der darauffolgenden Woche ging ich morgens auf das Baubüro, wo mich der Schachtmeister für den Schwarzdeckenbau erstaunt fragte, warum ich noch da sei. Er habe einen Anruf mitbekommen, dass mein Onkel gestorben sei. Ich ging ins Büro, und da saßen die drei, Bürokaufmann, Bauleiter und Obermeister, zusammen und waren alle drei der Meinung, ich sollte in der Ortschaft Thier, wo ich auch Quartier bezogen hatte, einen Hof fertig ausbauen. Meine Mannschaft und meine Kollegen wussten über diese Intrige Bescheid.

Am späten Nachmittag war ich mit meiner Arbeit fertig, es war gearbeitet worden, wie ich es im Akkord gewohnt war. Der Kollege in Wipperfürth/Marktplatz half mir, auch der Schachtmeister im Schwarzdeckenbau und der Mischmeister. Alle sagten: »Jupp, wir lassen dich nicht im Stich.« Ich werde ihnen diese Hilfe in meinem ganzen Leben nicht vergessen.

Spät am Abend war der Hof fertig – Ausschachten von Hand, Unterbau herstellen und verdichten, Platten verlegen und die Schwarzdecken in mehreren Schichten einbauen und abwalzen. Ich fuhr mehrere Stunden mit dem Auto nach Hause und am Tag nach der Beerdigung meines Onkels wieder zur Arbeitsstelle nach Wipperfürth zurück. Nach ungefähr 14 Tagen wurde ich krank –eine Angina –, musste aber nach Wipperfürth, da ich drei Personen mitnehmen musste. Die Fahrt war für mich sehr grausam und ich war kaum in Wipperfürth angekommen musste ich sofort in das dortige Krankenhaus, wo ich hervorragend von Ärzten und Krankenschwestern versorgt wurde. Freitagnachmittag mussten meine drei Leute wieder nach Hause, und ich hatte Heimweh!

Zahnziehen

Montags ging die Mannschaft der Baustelle immer in eine Kneipe nach Wipperfürth. An einem Dienstagmorgen ging das Gespräch um, die Leute vom Bau seien in eine Schlägerei verwickelt worden und hätten eine Tracht Prügel bezogen. Mein Bürowagen stand am Ortsteil Kohlgrube in der Nähe der Straße nach Thier, und ich ging zu den Pflasterern, die in der Nähe beschäftigt waren. Wir hatten zwei Pflasterer auf der Baustelle beschäftigt, einer war aus dem Saarland, der andere aus der Pfalz. Ich sah dem Pfälzer zu, wie der die Randsteine setzte, und merkte, dass er noch ziemlich blau, also betrunken war. Ich fragte ihn, was mit ihm los sei. Seine Antwort war: »Ich habe mit einem Schlagring eine auf die Schnauze bekommen und halte die Zahnschmerzen nicht mehr aus.« Ich fragte ihn: »Soll ich dir den Zahn ziehen?«, er erwiderte: »Kannst du das?«, was ich bejahte. Wir gingen in meinen Bürowagen, ich gab ihm ein halbes Glas Dornkaat-Schnaps und fing mit der Behandlung an. Er war nach dem Trinken des Schnapses wieder sternhagelvoll, und bei jeder Berührung des Zahnes hat der Gute einen Schrei ausgestoßen. Nach kurzer Zeit, der Zahn wackelte sehr, hatte ich mit Zwirn, den ich mir bei einer Hausfrau namens Lotte besorgt hatte, den

Schneidezahn gezogen. Danach waren seine Schmerzen weg und er gab mir Geld für zwei Kasten Bier, das selbstverständlich mit der Mannschaft getrunken wurde. Man konnte heute mit der gesamten Mannschaft an diesem Tage sowieso nichts mehr anfangen. Die liegen gebliebene Arbeit wurde dann später nachgeholt. Das war der Bau – zimperlich waren wir nicht.

Raue Sitten auf dem Bau

Der Umgangston auf dem Bau ist sehr rau, es ist ein Sprachschatz, der meistens nicht druckreif ist und nicht in die Öffentlichkeit gehört. Aber warum ist das so?

Der Bau hat seine eigenen Gesetze. Die Sprache ist deshalb so rau und primitiv, weil der Mensch, der dort arbeitet sich der Natur anpasst. Der Mensch, der am Bau arbeitet, ist das ganze Jahr in der freien Natur. Und die Natur ist rau, primitiv, aber gut. Sie färbt auf die dort arbeitenden Menschen ab, und mit der Zeit nimmt er diese Schwingungen der Natur mehr oder weniger an. Und oft sind es einfache Menschen, die auf dem Bau arbeiten. Mein eigener Sprachschatz hat sich diesem Niveau zum Teil angepasst, sodass ich bis heute nicht ganz davon weggekommen bin. Aber Gott sei Dank, die meisten Leute, die zu mir kommen, wissen das.

Ich möchte dazu eine Begebenheit erzählen. Bei dem Bauvorhaben in Wildflecken bekam ich die Maschinen mit ihren Führern. Es hieß damals, 1965: »Facharbeiter, Bauhelfer und Hilfsarbeiter haben wir keine, stellen Sie ein, was Sie in der Umgebung auftreiben können!« Ich fuhr zu den Ortsvorstehern der umliegenden Ortschaften, und so wurde bekannt gegeben, dass Maurer, Bauhelfer und Hilfsarbeiter in Wildflecken, Baustelle Muna, gesucht wurden. Ich machte die Aufnahme, begann mit der Arbeit und stellte so ein, wie ich die Arbeiter brauchte. Binnen kurzer Zeit musste ich die Spreu vom Weizen trennen können und teilte die Arbeiten zu: »Du bist Maurer, du Hilfsarbeiter« usw. Es wurde akzeptiert, weil ich die Arbeiter einfach vor vollendete Tatsachen stellte.

Am Anfang der Baustelle kam der Maschinenobermeister und begutachtete die Maschinen, anschließend saß er in meinem Baubüro und wir sprachen über Gott und die Welt. In dieser Zeit kam ein Maurer mit einer Frage zu mir, ich sagte zu ihm »Bitte«, doch ich hatte dieses Wort noch nicht ausgesprochen, da ermahnte mich der Obermeister barsch: »Auf dem Bau gibt es keine Bitte.« Dies nahm ich mir zu Herzen, und es war das erste und letzte Mal auf dem Bau, wo dieses Wort aus meinem Munde kam.

Am Ende der 50er Jahre bis Anfang der 60er Jahre kamen die meisten Arbeiter, die ich hatte, aus Italien. Diese konnten kein Deutsch und ich kein Italienisch. Es fiel mir auf, dass einige Arbeiter kein Essen dabei hatten oder höchstens eine Olive mit trockenem Brot als Mahlzeit zu sich nahmen. Und wenn der Raps in Blüte stand, machten sie sich aus den Blüten einen Salat. Aber ich war verantwortlich für die Arbeit und jeder Arbeiter musste seinen Teil dazu beitragen. Mit dieser kärglichen Mahlzeit wäre es ein paar Tage gut gegangen, dann hätte der Arbeiter abgebaut oder wäre gar zusammengebrochen. Annemarie, meine Frau, machte von nun an für jeden von ihnen Brote und ich konnte meine Arbeiter dadurch über Wasser halten. Das Weihnachtsfest dieser Italiener oder Jugoslawen, die nicht nach Hause konnten, wurde ihnen von meiner Frau so verschönert, dass sie nicht allzu sehr an Heimweh litten.

So wurde auch auf Montage mit jedem geteilt, der in Not war. In Wipperfürth wurde ich beauftragt, mit dem Walzenführer nach Hückeswagen in die Werkstatt zu fahren, es war Mittagszeit und wir hatten Hunger. Ich sagte zum Walzenführer: »Gehen wir was essen?«, darauf sagte er: »Ich habe kein Geld.« Für eine Mahlzeit hatte ich noch Geld. Wir gingen in die Kneipe und wollten uns das Essen teilen, eine andere Möglichkeit gab es nicht. Der Wirt kam und meinte: »Das gibt es nicht bei mir, ein Essen für zwei Personen!« Ich erwiderte darauf: »Du bekommst ja dein Geld für das Essen, aber es reicht nur für eine Mahlzeit.« Wir bekamen das Essen und wurden so ziemlich satt, ich zahlte und wir gingen.

Mein Verhältnis zu meinen Vorgesetzen war in der Regel problematisch. Als »Pflasterer Jupp« war ich verantwortlich für die Sicherheit im Straßenverkehr. Wir, zwei Pflasterer und zwei Helfer, führten in den 50er Jahren die Reparaturarbeiten nur bei laufendem Straßenverkehr durch. Die Sicherheit war das Wichtigste im Straßenverkehr, neben der Arbeitsausführung, der Organisation und der Arbeitszeit. Ich musste meinen Vorgesetzten – Oberbauführer und Straßenmeister – Rechenschaft über die Arbeit ablegen. Wenn schwierige Arbeiten anfielen, wurde unsere Kolonne in Anspruch genommen und das war sehr oft der Fall! Wir hatten eine Parole und die hieß: »Es gibt in unserem Bereich nichts, was nicht geht.« Wo wir waren, wurden Nägel mit Köpfen gemacht, so sagte man bei uns.

Ende der 50er Jahre bis 1974 hatte ich mit sehr vielen Vorgesetzten zu tun. Meine Stärke war, ich wusste, was ich wollte, habe sehr vielen Vorgesetzten damit vor den Kopf gestoßen, was mir viel Feindschaft bescherte. Ich war Praktiker und vielen meiner Kollegen und Vorgesetzten in den Ausführungen überlegen. Ich versuchte mich zwischen Bauleitung und Arbeitern zu bewegen, was mir in vielen Situationen, wenn ich auf der Seite der Arbeiter stand, übel aufstieß.

Dazu möchte ich zwei Beispiele bringen: In Wipperfürth wurde Richtfest gefeiert und ich saß als einzige Aufsicht bei den Arbeitern, die mehreren Nationen angehörten. Ich hielt sie in Schach und passte auf, dass keiner aus der Reihe tanzte, was mir auch gelang. Gegen Mitternacht, als die Feier zu Ende war, verhielten sich die Arbeiter alle unauffällig, bis auf einen Bau-Oberleiter, der als Einziger ziemlich betrunken war. Er war so blau und nicht mehr Herr über sich selber, dass ich ihn in seinen Wagen mit eigenem Chauffeur verfrachtete. Auf meine Arbeiter war ich sehr stolz, weil sie sich auf dem Fest so beherrscht hatten.

Als in Wildflecken die Hälfte der Betonstraße fertig war, wurde Richtfest gefeiert. Jeder, der zur Aufsicht gehörte, bekam eine Flasche Cognac. Die Aufsicht feierte im Büro und ich war selbstverständlich bei den Arbeitern und übergab ihnen die Flasche Schnaps.

Einer der Arbeiter sagte: »Es ist eigenartig, dass nur Jupp bei uns Richtfest feiert, wo sind die anderen?« Ich verteidigte sie, doch man glaubte mir nicht.

Ich weiß, dass ich ein Querkopf bin, aber durch den häufigen Wechsel der Unternehmen habe ich viel gelernt, und das war mir wichtig. Wenn ich wusste, dass für mich fachlich nichts mehr zu erreichen war, ging ich zu einer anderen Firma und lernte dort deren System. Auf diese Weise habe ich mir ein umfangreiches baupraktisches und theoretisches Wissen angeeignet, einschließlich der Führungskenntnisse für den Umgang mit den auf dem Bau beschäftigten Menschen. Da ich Tief-, Straßen-, Wasser- und Gleisbau von der Pieke auf gelernt habe, hatte ich keine Schwierigkeiten, mich bis zum Bauführer hochzuarbeiten.

Erwähnen möchte ich noch etwas aus meiner Zeit als Vorgesetzter. Im Bauwesen wurden mir fast auf jeder Baustelle Studenten und Schüler anvertraut, die, um ihre Finanzen aufzubessern, in den Ferien bei mir arbeiteten. Jeder von ihnen hat bei mir das Arbeiten von Grund auf gelernt, beginnend bei Schaufel und Harke. Diese Zeit war für die Studenten und Schüler sehr aufschlussreich: Sie lernten, dass das eine andere Arbeit war, als zu studieren und die Schulbank zu drücken. Die mir anvertrauten Studenten und Schüler waren heilfroh, wenn ihre Zeit auf dem Bau zu Ende war; vielen war ich ein gehasster Vorgesetzter. In ihrem späteren Berufs- und Lebensweg waren sie mir allerdings dankbar, dass ich während ihrer Ferienarbeitszeit bei mir am Bau ihnen gegenüber eine gewisse Härte gezeigt hatte!

Da gab es einen Studenten, den ich in den Jahren 1960 – 1963 im Bauwesen ausbildete und der sehr lernfähig war, sogar mit gewissen Maschinen umgehen konnte und in kürzester Zeit für mich eine Vollkraft auf der Baustelle war, ob das die praktische Arbeit betraf oder er als Kolonnenführer eingesetzt wurde. Nach einigen Jahren ging er zur Universität und wurde ein sehr guter Diplomingenieur. Er übernahm anschließend eine hohe Stelle im öffentlichen Dienst, und aus der damaligen Arbeitszeit hat sich eine gewisse Freundschaft entwickelt.

Musik

Abends nach Feierabend ging ich oft spazieren. Jeden Dienstag fand im Gemeindehaus die Probe des Musikvereins Thier statt, einem Mittelklasse-Verein mit einem sehr guten Orchester. Ich hörte mir die Proben jeden Dienstag an, und an einem dieser Probetagen war das Schlagzeug verwaist; so bot ich dem Dirigenten an auszuhelfen. Die Noten wurden ausgeteilt, nur für das Schlagzeug waren keine da. Darauf fragte ich den Dirigenten, was gespielt würde. Seine Antwort war: »Die Nr. 11, den Mussinan-Marsch«, und den kannte ich im Schlagzeug – Becken und kleine Trommel – auswendig.

An diesem Abend war ein Gast da, der eine Altmaterialfiliale besaß und den Pfennig, wie man so schön sagt, nicht umdrehen musste. Der Marsch wurde gespielt und klappte selbstverständlich von A - Z. Dieser Besucher war vom Schlagzeug so begeistert, dass er für jeden Musiker ein Glas Kölsch und einen Dornkaat ausgab, und das nun jeden Dienstag, aber unter einer Bedingung: Ich musste das Schlagzeug bedienen. Der Musikverein Thier wollte mir später einen Bauplatz schenken und mir beim Hausbau behilflich sein, was ich aber ablehnte. Ich sollte dort ansässig werden, aber meine Heimat war das Saarland.

Ein wichtiger Tag war in Thier das Schützenfest, das in einem sehr großen Festzelt stattfand. Das Fest ging samstags los und dauerte bis montags über Mitternacht hinaus. Der Schützenkönig, den ich kannte, kam vor dem Fest zu mir und bat mich, mit der Musikkapelle einen Marsch zu spielen, was ich aber ablehnte. Doch der Schützenkönig hatte mit dem Chef der Achtmannkapelle bereits gesprochen und ich spielte den Eröffnungsmarsch nun doch mit. Es war der Präsentiermarsch, den ich sehr gut konnte. Es wurde aus diesem einen Marsch ein Spielen am Samstag, am Sonntag und am Montag. Das Schlagzeug war ein Traum. Es schien, dass ich besser als ihr eigener Schlagzeuger war; der ließ sich bis Dienstag nicht mehr blicken.

Dann sollte ich mit dieser Kapelle auf Tournee gehen, was ich aber ablehnte. Während dieser Zeit ist mein Heimatverein, der Instrumentalverein Eppelborn, nach Innsbruck gereist, der Einladung zu einem Musikfest folgend. Auch hier sollte ich mitfahren, aber leider bekam ich die acht Tage Urlaub nicht. Unser Bauleiter meinte zwar, ich könnte acht Tage Urlaub machen, danach aber nicht mehr auf die Baustelle nach Wipperfürth zurückkommen, da für mich sofort ein Nachfolger eingesetzt würde. Also fuhr ich nicht mit nach Innsbruck, was mir mein Verein so übel nahm, dass er mich rauswarf. Das tat mir sehr weh.

Die Arbeit in Wipperfürth ging ihrem Ende entgegen, und ich wurde mit dem Vermessungstechniker nach Wildflecken abkommandiert.

1964 – 1965

In Wildflecken, Panzerstraße

Die Baustelle in Wildflecken in der Nähe von Bad Brückenau und Bad Bocklet lag direkt am Kreuzberg. In der Nähe des Kreuzberges, der 933 m über N.N. liegt, befindet sich der Berg Wasserkuppe, der im Dritten Reich durch die Fliegerei bekannt wurde.

Unsere Baustelle verlief von Oberwildflecken bis zur Langeleidener Straße. In diesem Bereich war im Dritten Reich ein großes Munitionslager vorhanden. Von Unternehmern gaben es keine Angebote für dieses Gebiet, oder sie lagen absichtlich mit ihren Preisen so hoch, dass sie den Auftrag nicht bekamen. Denn sie wussten, wie gefährlich die Ausführung der Arbeiten in der Muna war, so nannte man diesen Bereich zwischen Oberwildflecken und Langeleidener Straße. Das war der springende Punkt, warum man den Auftrag nicht wollte. Der zweite Punkt war das Wetter, denn wenn eine Wolke am Kreuzberg hängen blieb, gab es Regen, und der Boden war so beschaffen, dass er das Regenwasser aufnahm und über längere Zeit nicht mehr abgab. Dies war eine Eigenschaft, die für jeden Unternehmer ein Risiko war, zumal noch scharfe Munition aus dem letzten Weltkrieg in der Muna herumlag.

Am Tag unserer Ankunft gingen wir als Erstes in die Kneipe in Wildflecken und fragten nach Zimmern für uns. Es waren wirklich noch zwei Zimmer frei und so hatten wir wenigstens ein Dach überm Kopf. Beim Abendessen in der Kneipe sah ich mir die Tische an, und auf einem Tisch stand ein Schild: »Stammtisch«. Das war für mich ein Alarmzeichen, da ich vermutete, dass dieser Tisch für Einheimische reserviert war; und so war es auch. Am zweiten Tag fand die Begehung der zukünftigen Baustelle statt: mit unserem Bauleiter aus der Niederlassung Fürth bei Nürnberg und deren Oberbauleiter, dem Oberbauleiter aus unserer Niederlassung Lebach/Saar und ihrem Vermessungstechniker; ich war als Schachtmeister zugegen.

Am Abend gingen wir wieder in unser Quartier, der schon erwähnte Stammtisch war inzwischen mit drei Personen besetzt. Dann stellte sich heraus, dass nur der Vermesser sein Zimmer behalten konnte, ich dagegen musste wegen anderweitiger Vermietung das mir schon zugesagte Zimmer in kürzester Zeit verlassen. Nach dem Essen ging ich zum Stammtisch, stellte mich vor und wurde auch gleich aufgefordert, mich zu ihnen an den Tisch zu setzen. Es waren der Förster, der Lehrer und der Ortsvorsteher.

Am darauffolgenden Tag wurde in der *Muna* mit der Arbeit angefangen. Am Abend des zweiten Tages fragte ich am Stammtisch zu gegebener Zeit die drei, ob einer nicht ein Quartier für mich wüsste. Ich bekam vom Ortsvorsteher eine Adresse, stellte mich dort vor und wohnte dann einige Wochen bei dieser Familie, bis man das Zimmer für den Eigenbedarf brauchte. Sofort bekam ich wieder ein Zimmer in Wildflecken in der Brunnenstraße 1 bei Familie Enders und wurde in dieser Familie gut aufgenommen.

Die Arbeit auf der Baustelle ging zügig voran. Neben dem Aufbau der Betonmischanlage wurde als Erstes die Vermessung durchgeführt. Beim Ausschachten eines Kanals mit dem Bagger kamen viele Granaten zum Vorschein. Es wurde sofort ein Sprengmeister für die Baustelle aus Bischofshofen am Kreuzberg beauftragt, sich um die Granaten und um verschiedene Arten von Munition zu kümmern. Zwischen mir, dem Sprengmeister und der Besetzung der Baustelle war ein sehr gutes Verhältnis. Aber ich hatte auf dieser Baustelle Angst um meine Leute. Ich suchte mir einen günstigen Platz im Wald und betete dort jeden Tag den Rosenkranz, dass uns nichts passierte. Es passierte in dieser gesamten Bauzeit, trotz der großen Gefahr durch die Munition, dann auch kein einziger Unfall. Mir war von Anfang an klar, dass wir beschützt würden! Aber diese Erfahrung hat mich geformt; es war eine knallharte Baustelle.

Ich hatte in meinem Bürowagen einen Lageplan, Höhenplan, Bauzeitenplan und einen Plan für Maschinen und Mannschaft. Das Bautagebuch wurde vom Bauleiter geführt. Der örtliche Bauleiter war von kleinem Wuchs, aber hart gesotten. Er wusste, dass man diese Baustelle nicht nach Leistungsverzeichnis abwickeln konnte, aber es wurde von uns so gearbeitet, dass keiner ein schlechtes Gewissen zu haben brauchte. Außerdem wurde der örtliche Bauleiter fast über alles informiert.

Von Anfang an gab es Spannungen zwischen den Niederlassungen Fürth und Lebach, und ich stand dazwischen. Diese Spannungen waren sehr nachteilig für die Abwicklung dieser Baustelle. Da lag zum Beispiel auf dem Erdplanum eine kleine Wurzel. Bei der Begehung der Baustelle befahl der Baustellenleiter, dass sofort ein Mann abzukommandieren sei, um die Wurzel zu beseitigen. Ich sagte zu ihm: »Es wird Ihnen doch kein Zacken aus der Krone fallen, diese Wurzel aufzuheben und wegzuwerfen, wenn Sie über die Baustelle marschieren!« Er stand regungslos vor mir. »Oder bücken Sie sich und werfen die Wurzel weg«, fuhr ich fort, »einen Mann deswegen hierherzubeordern ist zu teuer.« Er bückte sich, nahm die Wurzel und warf sie weg. Ich sprach weiter: »Warum nicht gleich so, Sie machen ein Staatstheater aus so einer Kleinigkeit und Ihre Position wird doch dadurch nicht geschmälert.« Was immer wir auf der Baustelle taten, um weiterzukommen, wir wurden beim örtlichen Bauleiter von ihm sozusagen in die Pfanne gehauen. Das ging von Anfang an so und wir stellten uns natürlich quer. Der örtliche Bauleiter hingegen wusste um das, was wir taten, und es gab für uns deshalb keine Auflagen, da wir sehr oft mehr arbeiteten, als auf dem Papier stand.

Diese Quereleien gingen so weit, dass dies mein Chef in Lebach erfuhr und er sich telefonisch anmeldete. Wir saßen in seinem Büro und unser Baustellenleiter wollte mich erneut in Misskredit bringen, anschließend musste ich zu den aufgetretenen Quereleien Stellung nehmen. Ich nahm den örtlichen Bauleiter in Schutz, was aber mein Chef schnell merkt. Er sagte: »Herr Georg, Sie fahren sofort nach Hause, am Freitagnachmittag bin ich wieder in Lebach, dann erwarte ich Sie.« Das Gespräch fand an einem Mittwoch statt und ich fuhr sofort nach Hause. Am Freitagnachmittag war ich dann in Lebach zur Besprechung, bei der mein Chef zu mir sagte: »Wir wissen, was Sie auf der Baustelle auszustehen haben, wir wissen auch, wen wir als Schachtmeister auf diese Baustelle beordert haben. Eins müssen Sie sich merken, die Firma AHI ist groß, aber Sie sind der Einzige, der mit dieser Baustelle ins Reine kommt, sie haben meine vollste Unterstützung. Bleiben Sie in Wildflecken, ohne Sie wird es sehr, sehr schwierig werden!«

Wir verabschiedeten uns, und ich fuhr gleich montags wieder zur Baustelle. Doch jetzt ging meine Leidenszeit auf der Baustelle in Wildflecken erst richtig los. Unser Bauleiter fühlte sich gedemütigt und warf mir, wie man so sagt, Knüppel in den Weg, wo er nur konnte. Das Einzige, was mich während dieser Zeit aufrecht hielt, war das tägliche Gebet. Es wurde immer härter für mich, doch der örtliche Bauleiter stand hinter mir und half mir indirekt, wo er nur konnte.

Nach der dreitägigen Urlaubszeit wurden mir zwei Vorarbeiter und ein Schachtmeister zur Seite gestellt. Es kamen ein Maschinenmeister, der für die Betonanlage verantwortlich war, und ein Maschinenmeister, der den Betonfertiger bediente. Diese beiden wurden gegen mich aufgehetzt und ich musste leider Gottes härtere Maßnahmen ergreifen. Im Bauleiterbüro wurde einer der beiden Maschinenmeister von mir aus gutem Grund gemaßregelt. Er schrie mir ins Gesicht, er sei hirngeschädigt, worauf ich zu ihm sagte, dass er dann irgendwo anders hingehöre, aber nicht auf die Baustelle. Doch anschließend führte er meine Anordnungen zu meiner Zufriedenheit aus.

Beim Herstellen von Beton für den Straßenkörper war eines schönen Tages fast kein Wasser vorhanden, sodass der Verlauf stockte. Ich ging zum örtlichen Bauleiter und sprach mit ihm über die mangelhafte Wasserzufuhr. Ich beobachtete dabei den Maschinenmeister der Betonanlage, wie er sich an der Wasseruhr zu schaffen machte. Es wurde von mir verlangt, dass jemand von der Hauptverwaltung Düsseldorf der Niederlassungen Fürth und Lebach sofort zur Baustellenbesichtigung nach Wildflecken kommen solle. Einen Tag später erfolgte die Besichtigung der Baustelle hauptsächlich wegen des Wassers. Die Wasserleitung war aus Kunststoff und lag oberirdisch. Doch die Leitung war völlig in Ordnung, und der Meister der Anlage setzte eine Unschuldsmiene auf, so als täte es ihm leid, dass nicht genügend Wasser vorhanden war. Während die Herren und der Meister in ein Gespräch vertieft waren, drehte ich unbemerkt den Wasserhahn auf. Ein Arbeiter der Anlage rief sofort, dass das Wasser wieder laufe. Ich knöpfte mir nun den Meister im Beisein der Herren vor und sagte ihm, wenn er noch einmal den Wasserhahn fast zudrehen würde, ginge es ihm genau so wie seinem Arbeitskameraden, dem anderen Maschinenmeister.

Einer der anwesenden Herren meinte: »Was geht eigentlich vor auf dieser Baustelle?« Doch es wurden den Herren gesagt, dass sie sich weiter keine Sorgen zu machen bräuchten, es würde alles in Ordnung kommen. Es ging auch alles gut, bis auf den Felsen, der ein Hindernis darstellte. Der Felsen lag ca. 10 cm höher als das Erdplanum. Es wurde versucht, mit der großen Raupe D 8 – die damals zweitgrößte überhaupt – den Felsen mit dem Aufreißzahn zu beseitigen, was aber nicht gelang. Denn dieser Felsen lag großflächig und bedeckte das Erdplanum. Es wurde von allen Seiten versucht, ihn mit der Planierraupe zu beseitigen, doch der Felsen gab nicht nach. Er hätte eigentlich gesprengt werden müssen, aber dazu reichte die Zeit nicht. Ich sagte mir: Du hast in diesem Bereich festen Boden, den lassen wir; und wir bauten den Unterbau der Straße, mit dem Material 0/70, auf den Felsen.

Dies bekam unser Bauleiter mit. Er ging zum örtlichen Bauleiter und gab seinen Bericht ab, in dem er mich anschwärzte. Der örtliche und unser Bauleiter kamen und wir mussten Probelöcher herstellen, was eine heikle Sache war. Normalerweise hätten beide vor Ort bleiben müssen, doch der örtliche Bauleiter sagte zu dem unsrigen, dass noch ein weiterer örtlicher Termin dringend wahrgenommen werden müsse. So gingen beide für eine Stunde fort, die Höhen wurden hergestellt, die Probelöcher ausgeschachtet, bis auf den Felsen der Felsen, mit Meißeln beseitigt, 0/70 an die Seite angebracht, das Bodenplanum mit Erde auf die richtige Höhe gebracht und wir hatten die richtige Konstruktionshöhe. Die beiden Bauleiter kamen zurück, der Örtliche nahm seinen Zollstock, maß die Höhe und sagte zu dem anderen Bauleiter: »Was wollen Sie, die Höhen stimmen«, doch mir zugewandt meinte er: »Machen Sie die Löcher zu, es ist alles in Ordnung.« Die Arbeiter wussten Bescheid und im Nu waren die Probelöcher mit dem Material 0/70 zugefüllt. Anschließend sagte der örtliche Bauleiter zu unserem im Beisein der Arbeiter: »Sie arbeiten ja nur gegen Ihre Firma«, drehte sich um und ging fort. Unser Bauleiter stand wie angewurzelt auf seinem Platz und ich nahm ihn mir vor den Arbeitern zur Brust. Ich möchte hier nicht erwähnen, welche Worte ich benutzte, da sie nicht druckreif sind.

Die Arbeitszeit an unserer Baustelle ging dem Ende entgegen, unser Bauleiter wurde krank und kam nie wieder. Später kam der Fürther Niederlassungsleiter und sagte mir, dass unser Bauleiter im Krankenhaus liege. Er kannte mein Martyrium auf dieser Baustelle, war über alles informiert und sagte: »Herr Georg, führen Sie die Baustelle bis zum Schluss durch, ohne Sie wäre die Arbeit hier in Wildflecken nicht möglich gewesen!«

Ich blieb bis zur Schlussabnahme in Wildflecken. Aber noch eines wäre erwähnenswert. So Mitte der Baumaßnahmen wollte ich einmal zu unserem Bauleiter, den ich aber nicht in seinem Büro vorfand, und so machte ich mich auf den Weg zurück zu meiner Baustelle. Beim Heraustreten aus dem Bürogebäude kam mir jemand entgegen und fragte nach unserem Bauleiter. Ich richtete ihm aus, dass er im Moment nicht im Büro sei, und fragte ihn, ob ich etwas ausrichten könne. Er stellte sich mir darauf vor, und ich nannte ihm meinen Namen. Er blühte so richtig auf und sagte: »Dann bist du der berühmte Georg. Wenn diese Baustelle fertig ist, kommst du zu mir nach Reiterswiesen bei Bad Kissingen.«

»Ich gehe dorthin, wo man mich braucht«, bekam er von mir zur Antwort. Die Baustelle Panzerstraße in Wildflecken war in vielen Niederlassungen und Baustellen Gesprächsthema.

Dazu noch ein Nachtrag: Der Baukaufmann von Wipperfürth, welcher mir das Leben besonders schwer gemacht hatte, hat sich, wie ich später erfuhr, das Leben genommen; er hat sich im Wald erhängt.

Während der Bauzeit hielt ich mich bei Regen im Baubüro von *Schill und Keul* aus Bad Kissingen auf, deren Projekt die Kasernen in Oberwildflecken waren. Wir halfen uns gegenseitig und es herrschte Harmonie zwischen unseren Firmen. Eines Tages, ich saß im Baubüro von *Schill und Keul*, ging das Telefon: Der örtliche Bauleiter lud mich zu Zwiebelkuchen und Federweißem ein, und ich sagte sofort zu. Bauleitung und Poliere der anderen Firma staunten sehr und fragten: »Jupp, wie machst du das, er ist doch ein scharfer Hund.«

Er wurde von mir auf jede Position dieser Baustelle, die nicht nach dem L.V., dem Leistungsverzeichnis, ausgeführt worden war, aufmerksam gemacht. Er kannte fast sämtliche Fehler, die auf der Baustelle von mir behoben wurden, und war nach reiflicher Überlegung mit meinen Maßnahmen einverstanden, was bei unserem Bauleiter nicht der Fall war. Um die Baustelle schnell und zur Zufriedenheit des Auftragsgebers abzuwickeln, musste ich diesen Weg einschlagen.

Die Baustelle hat mich geformt und stark gemacht. Ich lernte Menschenführung und Organisation. Drei Tage hatte ich gestreikt und durchgesetzt, dass in dieser Zeit nichts gearbeitet wurde. Doch mein Leidensweg nahm bis zum Schluss dieser Maßnahme kein Ende. Es war ein Lichtblick, dass meine Quartiersleute mich gut behandelten, und es besteht heute noch Kontakt zwischen unseren Familien.

Der Name Josef Georg war im Gespräch, als es darum ging, die Erdarbeiten der neuen Leber-Klinik in Bad Kissingen auszuführen, ferner die Erdarbeiten für die Fundamente der Autobahnbrücke in Bad Brückenau, und mein Name war für den Standort Hammelburg im Gespräch. Doch alles fiel ins Wasser, ich wurde nach Reiterwiesen bei Bad Kissingen beordert, aber nicht für lange Zeit. Dann musste ich zum Straßenausbau zum Flugplatz Zweibrücken, doch auch dort war ich nicht lange und kam dann nach Völklingen im Saarland.

Völklingen/Saar 1965/66

Für das Röchling-Stahlwerk in Völklingen wurden vom Torhaus 10, Nauweiler - Gewann bis zum Torhaus 4 im Bereich der EBW Straßen gebaut. Die Arbeit lief in zwei Schichten ab, d. h. zweimal 12 Stunden. Ich bekam keinen Bauleiter, keinen Schachtmeister, Vorarbeiter oder Vermesser, das gesamte Projekt oblag mir. Das Projekt wurde sehr oft beanstandet und ich war verantwortlich für die Maßnahmen. Die Firma Röchling hatte eine hohe Erwartungshaltung. Bekam man heute einen Auftrag, so wurde erwartet, dass er gestern schon fertig zu sein hatte. Doch die Pläne, die man bekam, waren meistens nicht in Ordnung. So bekam ich zum Beispiel einen Plan, in dem keine Entwässerungsanlage eingetragen war. Für mich sah es nach einem Flüchtigkeitsfehler aus und ich ging mit dem Plan in das Baubüro, wo ich drei Bauingenieure und zwei Bauaufseher vorfand. Ich zog die fehlende Entwässerung auf dem Plan etwas ins Lächerliche und sagte, dass die Firma Röchling wohl mehrere Kühe gekauft hätte. Einen Moment herrschte im Baubüro Totenstille, bis einer der Bauleiter sagte: »Georg, hast du sie nicht mehr alle?« Ich erwiderte: »Ich glaube, *ihr* habt sie nicht mehr alle«, und überreichte den Plan mit den Worten: »Es ist keine Entwässerung eingezeichnet, deshalb die Frage nach dem Ankauf von Kühen, die das anfallende Wasser saufen sollen.«

Der Bauleiter sah sich den Plan an, stellte fest, dass man die Entwässerung wirklich vergessen hatte, ging mit mir auf die Baustelle, zeigte mir das Ablaufrohr und zeichnete die Einlaufsschächte auf den Plan, doch ohne Höhenangaben. Sein Auftrag war, ich solle sehen, wie ich es fertig brächte, dass das Wasser von der Straße ablaufe, sie hätten keine Zeit mehr, einen Höhenplan zu erstellen. Doch das war nur ein Punkt von mehreren. Um keine Stockung auf der Baustelle zu bekommen, musste ich in 24-stündigem Rhythmus auf der Baustelle sein und hatte dadurch sehr wenig Zeit zum Schlafen, kam nur noch auf 2 bis 3 Stunden Schlaf. Das ging aber nur eine Zeitlang gut, so lange, bis mein Körper leergepumpt war und ich am Nivellierinstrument zusammenbrach. Darauf war ich einige Tage krank. Nach diesem Zusammenbruch wurde man plötzlich einsichtig. Auf einmal ging es; ein Bauleiter kam, ein Obermeister, ein Schachtmeister und ein Vorarbeiter.

Als ich meine Arbeit wieder aufnehmen konnte, kam in den ersten Tagen der Bauoberleiter und wir sprachen über den Baustellenablauf, auch der Oberschachtmeister war dabei anwesend. Der Oberschachtmeister war dieselbe Person, die an der Baustelle in Wipperfürth dabei gewesen war. Es wurde viel über unseren älteren Schachtmeister gesprochen. Die Meinung der beiden war, dass die Firma kein Altenheim sei und man die älteren Kollegen entlassen müsste. Ich hörte mir das Gespräch an und erwiderte: »Lasst den Kollegen hier, er macht doch seine Arbeit gut, hat Erfahrung und große praktische Kenntnisse, von denen wir noch lernen können. Ich kenne ihn persönlich gut, gebt ihm die Chance, bei unserer Firma in Pension gehen zu können, denn in Kürze hat er das Pensionsalter erreicht. Euch beiden möchte ich nur sagen: Hoffentlich geht man mit euch nicht mal genauso um wie ihr mit meinem Kollegen.« Weiter sagte ich, unserem Bauleiter zugewandt: »Denken Sie daran, Sie sind auch nicht mehr der Jüngste.«

Unserer älterer Schachtmeister blieb bis zu seiner Pensionierung in der Firma.

Ich hatte auch die Pflastererarbeiten ausgeführt, da ja sonst kein Pflasterer vorhanden war. In der Zeit meiner alleinigen Aufsicht hatten wir einen Kanal von ca. 12 m Tiefe verlegt und kamen dabei auf einen sehr starken Kohlenflöz von ca. 2 m Höhe, den wir abbauten und heimlich bekannte Familien und Mitarbeiter damit versorgten. Es wäre jammerschade gewesen, diese Kohlen auf die Kippe zu fahren. Unter dem Kohlenflöz sank sehr oft unsere Raupe ab und musste mit einem Stahlseil wieder herausgezogen werden. Bei solchen Aktionen zerriss oft ein Seil, das nicht gerade billig war und unsere Baustelle damit finanziell belastete.

Mit dem Abteilungsleiter der Dreherei zu mit seiner gesamten Mannschaft hatte ich ein sehr gutes Verhältnis. Ich legte immer einen großen Wert darauf zu helfen, wenn Not am Mann war, das war ein Geben und Nehmen.

Einmal mussten wir samstags arbeiten. Ich hatte drei Arbeiter, die ich immer mit zur Arbeitsstelle nahm. Bei der Heimfahrt an einem Samstagnachmittag in Lebach angekommen, sagte einer der Arbeiter zu mir: »Jupp, ich habe meine Tasche auf der Baustelle liegen lassen.« Ich wusste ja nicht, was in der Tasche steckte, und meinte: »Dann steckst du am Montag deine Brote in die Jackentasche, ich fahre jetzt nicht mehr zurück.« Am Montag, kaum auf der Baustelle angelangt, wir gingen am Torhaus 7 vorbei, kam der Wächter auf mich zu und sagte mir, man habe eine Tasche gefunden, darin sei Kupferdraht. Ich wusste sogleich, wem die Tasche gehörte, die jetzt bei der Hüttenpolizei lag. Wir gingen an unsere

Arbeit und ich sagte zum Besitzer der Tasche: »Du hättest doch sagen können, was in der Tasche steckt, natürlich wären wir dann zurückgefahren.« Doch nun hieß es das Beste aus der Sache mit der Tasche zu machen. »Jetzt gehen wir auf das Polizeibüro deine Tasche abholen.« Der Besitzer der Tasche hatte große Angst, aber ich sagte zu ihm: »Auf dem Polizeibüro hältst du deine Schnauze, ich box dich schon aus dieser Affäre.«

Im Polizeibüro saß jemand, den ich kannte, er hatte mit mir die Berufsschule absolviert. Der Polizeichef kam persönlich und schrie uns an. Ich war die Ruhe selbst und sagte: »Sie brauchen nicht so zu schreien, wir haben kein Wasser in den Ohren. Jetzt geben Sie gut Acht, was ich Ihnen sage. Dieser Mann ist in meiner Obhut und das ist nicht das erste Mal, dass man ihm die Tasche gefüllt hat. Er könnte seinen Hauseingang pflastern, so viel Steine schleppte dieser Idiot schon nach Hause. Sehen Sie nicht, dass dieser Mann geistig behindert ist?«

Der Polizeichef sagte darauf: »Ja, ich sehe es, aber wenn das noch einmal passiert dann werden Sie – er zeigte auf mich – die Konsequenzen ziehen.« Doch ich sagte: »Nicht so schnell, schließlich kann ich nicht wie ein Schoßhündchen auf ihn aufpassen.«

Wir gingen nach draußen und Albert, so hieß der Arbeiter, meinte empört, er sei kein Idiot und schon gar nicht geistig behindert. Ich gab ihm Recht und erklärte ihm: »Wie sollte ich dich anders aus solch einer Affäre herausholen, du weißt, dass du mit einem Hüttenverbot und einer saftigen Geldstrafe rechnen musstest!«

Die Baustelle wurde ohne weitere Komplikationen fertig und ich wurde auf eine andere versetzt, nach Ulmen in der Eifel.

Ulmen/Eifel

In Ulmen wurde damals, es war im Jahr 1967, ein Schießstand für die Soldaten des Flughafens in Büchel/Eifel gebaut. Ich war zuständig für den Straßenbau, und der hier fungierende Bauleiter war kein Guter. Von der ersten Minute an hatte ich den Plan von ihm in der

Tasche, wie man so schön sagt. Ich hatte keine gute Meinung von ihm, was aber auf Gegenseitigkeit beruhte. Er mochte mich nicht, was er mich dann auch spüren ließ. Schon nach einigen Tage hatte er mich zur Arbeit als Pflasterer abkommandiert, und es wurde kein anderer Pflasterer auf der Baustelle angestellt. Technische Hilfe war von diesem Bauleiter nicht zu erwarten, er arbeitete nur das Notwendigste. Wo er mich schikanieren konnte, tat er es. z. B. sprach er davon, dass ich als Pflasterer und Schachtmeister nicht geeignet sei und dergleichen mehr. Diese herablassende Behandlung blieb mir nicht im Mantel stecken.

An einem Freitag hatte ich noch den Verkehrstropfen zur Hauptstraße Ulmen – Büchel vermessen und die Steine auf die richtige Länge schneiden lassen, bevor ich zusammenbrach. In kurzer Zeit war ich wieder auf den Beinen, setzte die Steine für den Verkehrstropfen und ging anschließend zum Arzt. Ich erzählte ihm meine Geschichte, und er fragte, warum ich nicht gleich zu ihm gekommen sei. Ich erwiderte, dass außer mir keiner die Steine setzen könne und mich verantwortlich für diese Arbeit fühlte. Ein Wort gab das andere, ich sagte ihm meine Meinung, benutzte das Götz-Zitat, ließ ihn stehen und ging fort. Ich war fast schon bei meinem Auto, als er mich zurückrief und sagte: »Von deiner Sorte gibt es nicht viele, ich kenne so nur einen, komm herein.« Nun hörte er sich alles an und schrieb dann einen Bericht für meinen Hausarzt. Anschließend gab er mir ein Medikament und ich fuhr nach Hause, nach Eppelborn im Saarland.

Am Tag darauf, es war ein Samstag, ging ich zu meinem Hausarzt, erzählte ihm alles und übergab ihm den Brief des Ulmer Arztes. Der Hausarzt las ihn und meinte, wie es wäre, wenn er für mich eine Kur beantragen würde. Ich sagte zu ihm: »Bin ich der Arzt oder Sie, ich weiß nur, dass es so nicht mehr weiter geht.« Es wurde eine Kur beantragt; doch die wurde von der BfA abgelehnt. Darauf überwies mich mein Hausarzt nach Saarlouis zu einem Facharzt, der sofort eine Kneippkur beantragte, doch auch diese wurde abgelehnt. Da ich über mein tägliches Befinden Buch führte, konnte ich diesen

Bericht zum BfA Berlin senden, und die Kur wurde genehmigt: in Neutrauchburg bei Isny im Allgäu.

Seit ich in meiner Völklinger Arbeitszeit so attackiert wurde, konnte ich keine Nacht mehr schlafen, stand morgens wie gerädert auf, befand mich im gleichen erschöpften Zustand, mit dem ich mich abends ins Bett gelegt hatte. Dies erzählte ich dem Kurarzt bei der Einzelbesprechung, und er bat mich, ich möge doch bitte am Donnerstag bei der allgemeinen Besprechung, sobald er den Raum betreten würde, schon die Hand heben. Der Donnerstag war da, der Arzt kam in den Raum, nahm seinen Stuhl und setzte sich vor die Tür, sodass keiner herein oder heraus konnte. Er sprach mich sofort an und ich fing mit meiner Geschichte irgendwo an. Er unterbrach mich und forderte mich auf, von früheren Erinnerungen zu erzählen. Ich fing an zu erzählen und wurde kaum unterbrochen, es war totenstill im Raum. Manche wollten meine Lebensgeschichte nicht glauben und saßen teilweise mit geöffnetem Mund da. Von diesem Tag an konnte ich jede Nacht fest schlafen. Ich danke diesem Arzt noch heute.

Mein Quartier in Ulmen

In den ersten Tagen waren wir alle zusammen in einem Haus untergebracht, das die Firma angemietet hatte. Doch schon in den nächsten Tagen bekam ich bei einer Familie privat ein Quartier. Der Mann war beinamputiert. Nach kurzer Zeit wurde ich schon von der Familie akzeptiert. Der Sohn dieser Familie war damals ca. 12 Jahre alt. Ich lehrte diesen Jungen Mundharmonika spielen, und es war eine Freude, zu sehen, wie schnell er lernte. Wir wurden gute Freunde.

Mehrere Jahre später fuhren meine Frau und ich nach Ulmen und besuchten meine ehemalige Quartiersfamilie. Die Frau konnte sich noch sehr gut an mich erinnern. Sie erzählte, dass ihr Mann verstorben, die Tochter verheiratet und der Sohn durch einen Autounfall ums Leben gekommen sei. Diese Nachricht ging mir sehr unter die Haut. Das Zimmer des Sohnes hatte sie genau so belassen, als ob er noch am Leben wäre. Sie führte uns ins Schlafzimmer ihres verstorbenen Sohnes, welches ich ja kannte, wir sprachen über ihn und ich erblickte seine Mundharmonika. Ich nahm sie und spielte sein Lieblingslied. Als ich das Lied spielte, weinte die Mutter, und meine Frau gab mir einen Stoß, der besagte, ich solle um Himmels willen damit aufhören. Es war einfach der Drang über mich gekommen, sein Lieblingslied zu spielen. Schließlich verabschiedeten wir uns und fuhren nach Hause.

Von Ulmen ging es auf eine andere Baustelle, nämlich nach Finthen bei Mainz.

Munitionslager Finthen

Es war 1968, als ich einen Brief bekam mit der Mitteilung, dass ich schon nach acht Tagen eine neue Arbeit antreten sollte, und zwar an einem Montag um 8.00 Uhr in Finthen, Eingang Halle Flugplatz. Sonntags fuhr ich mit dem Zug nach Mainz, übernachtete im Hotel und war pünktlich am nächsten Tag um 8.00 Uhr am Eingang Halle Flugplatz Mainz/Finthen. Ich musste bis ungefähr 16.00 Uhr warten, bis endlich ein mir unbekannter Vorarbeiter kam. Mit ihm fuhr ich nach Oberolm, wo wir in einer Gaststätte ein Quartier bekamen. Am nächsten Tag kamen zwei LKW, beladen mit zwei Baracken und zwei Arbeitern der Niederlassung Frankfurt AHI, die auch federführend für diese Maßnahmen waren. Sofort wurden die Baracken für die Mannschaft und für mich aufgeschlagen. In der zweiten Nacht konnten wir dort schlafen, und in paar Tagen war dann das Barackenlager aufgestellt. Meine Räumlichkeit war zugleich mein Büro und mein Schlafraum. Am dritten Tag fand die Ortsbesichtigung statt. Es war sehr schwer, mit unserer Bauleitung zu arbeiten, da es an praktischen Kenntnissen im Baubereich fehlte.

Das Verhältnis zwischen mir und dem Bauleiter wurde immer kritischer. Der Grund: Die örtliche Bauleitung hat ihn regelrecht ignoriert, dagegen mich als Bezugsperson, was ich aber nicht wollte, voll akzeptiert. Das konnte selbstverständlich nicht gut gehen und man hat einen anderen Schachtmeister angefordert, natürlich mit dem Hintergedanken, mich abzuschieben. Dieses Spiel durchschaute ich nicht, da ich mit solchen Gaunereien nicht rechnete. Der neue Schachtmeister war mir sehr gut bekannt, da er als Hilfsarbeiter bei einer Firma gearbeitet hatte, deren Pflasterarbeiten ich ausführte. Der örtlichen Bauleitung fiel das falsche Spiel, das man mit mir trieb, auf, und sie reagierte sofort mit einer »Aktennotiz«.

Ich wurde aufs Baubüro der örtlichen Bauleitung bestellt und mir wurde mitgeteilt was die Herren L. und B. mit mir vorhatten. Man legte mir die Aktennotiz vor, mit der Bitte, sie für meine Unterlagen abzuschreiben, was ich auch sofort tat. Die Aktennotiz war zwei Tage zuvor vom damaligen Bauleiter verfasst worden und hatte folgenden Wortlaut:

```
Durch Herrn B. - Oberbauleiter - wird heute fest-
gestellt, dass der Schacht Nr. VI (Beginn 600 Ver-
rohrung für Vorflutgraben) keine Verfallung von 25
cm erhalten hat.
Herr L. - örtlicher Bauleiter der Fa AHI - und Herr
B. - Polier - versicherten einstimmig, dass diese
Anschlussrohre für Schacht VI vor ca. 3 Wochen ver-
legt wurden. Dies war die erste Arbeitswoche des
Herrn Becker hier auf dieser Baustelle.
Herr Georg, erster Schachtmeister der Baustelle,
hat dafür entsprechende Angaben gemacht - Höhen wie
auch Gefälleangaben - außerdem soll Herr Georg bei
der Verlegung die Aufsicht geführt haben. Herr L
bestätigt dieses.
Durch Aussagen der Rohrverleger erwies sich folgen-
des als falsch gegenüber den Aussagen Herr L. und
Herrn B.
Die Rohre wurden am Mittwoch vor acht Tagen -
13.11.1968 - verlegt und nicht vor drei Wochen.
An diesem Tag war Herr Georg nicht auf der Baustelle
anwesend (Gemeinderatsvereidigung).
Herr B. führte an diesem Tage die Aufsicht bei den
Rohrverlegungsarbeiten.
Von Herrn B. ergingen alle Aufgaben
```

> Herr B. arbeitete ohne Plan für die Verrohrung, noch für den Hauptanschlussschacht.
> Herr B. gab den Rohrverlegern an, die 600er Rohre am Durchlass, sowie an den noch zu erstellenden Kontrollschacht anzugleichen und anschließen.
> Geschlagene Visierkreuze konnten nicht mehr verwendet werden, da diese durch ständige Raupenarbeiten in diesem Gebiet unbrauchbar geworden waren.
> An den Visierkreuzen standen keine Höhen.
> Neue Höhenangaben durch Herrn B erfolgten nicht (siehe Punkt 6). Einwandfrei handelt es sich hierbei um ein Verschulden des Herrn B. Dieser wurde durch Herr L. (Bauführer der AHI) durch seine falsche Aussagen der örtlichen Bauleitung gegenüber gedeckt und somit Herrn Georg ein Versagen unterstellt, für welches er schuldlos ist. Obwohl Herr L. weiß, dass er in Herrn Georg eine Tiefbaukapazität gefunden hat, versucht er ihn vorsätzlich auszuschalten, um auf der Baustelle seinen oft recht schlechten Interessen nachgehen zu können. Er schadet somit offensichtlich seiner eigenen Firma. Ähnliche Beispiele ließen sich noch aufführen, doch fehlten hierfür leider die Zeugen oder sie möchten aus teilweise verständlichen Gründen nicht genannt werden. Herr L. wurde heute von Herrn W. und Herrn B. offen gesagt, er möge seine Versetzung selbst beantragen, andernfalls müsste er durch das FBA abgelöst werden. Der geschilderte Vorfall ereignete sich nach der oben genannten Aufforderung der örtlichen Bauleitung und des FBA. Herr L. weiß offensichtlich nicht, was auf seiner Baustelle geschieht, obwohl seine Aussage recht unglaubhaft erscheint.

Durch den Maschinisten bekam ich Bescheid, dass ich am kommenden Montag morgens um 7.00 Uhr in Koblenz zu einem Gespräch mit dem Niederlassungsleiter anzutreten hätte. Doch in der Niederlassung der AHI wusste niemand von einem Gespräch, das der Niederlassungsleiter mit mir führen wollte. Also war die mir überbrachte Nachricht eine Finte von L.

Inzwischen hatte mich der örtliche Bauleiter in Koblenz angerufen und mir mitgeteilt, dass auf der Baustelle der Teufel los sei und meine gesamte Mannschaft noch nicht aus ihrer Bude heraus zur

Arbeit gegangen sei. Sie wollten zuerst wissen, was mit mir los sei. Meine Leute mussten schon angetrunken sein, denn sie sagten, wenn L. ihnen in die Finger fallen würde, sei er reif, genauso B. Mit *reif sein* meinten sie eine Schlägerei. Gott sei Dank kam es nicht dazu. Eines muss erwähnt werden, auf dem Bau herrschen andere Gesetze als sonstwo. Das waren die Sitten, die zu meiner Zeit herrschten. Doch es war eine sehr große Seltenheit, dass sich eine Mannschaft so für ihren Vorgesetzten einsetzte. Es konnte nun kommen, wie es wollte, ich war stolz auf meine Arbeitskameraden an diesem Tag.

Doch da die Mannschaft streikte, wurden alle entlassen. Als sie diesen Bescheid bekamen, war auf der Baustelle der Teufel erst richtig los. Der Bus, der meine Mannschaft vom Saarland auf die Baustelle Finthen gebracht hatte, durfte sie nicht wieder nach Hause fahren. Ein Fahrer wurde unter Androhung von Gewalt gekapert, damit er die Leute ins Saarland fuhr.

Am selben Tag bekam ich ein Telegramm mit der Nachricht, ich sollte nicht zurück nach Finthen zur Baustelle und auf einen weiteren Bescheid warten. Oberbauleiter B. hatte den Niederlassungsleiter der AHI in Frankfurt angerufen und ihm berichtet, was sich auf der Baustelle ereignet hatte. Er bekam zur Antwort, Josef Georg sei entlassen, es lägen schwerwiegende Gründe vor. Doch ich war mir keiner Schuld bewusst.

Am 15.12.1968 war mein letzter Arbeitstag, bis zum 18.3.1969 war ich arbeitslos. Meiner Mannschaft konnte ich sofort wieder Arbeit beschaffen – im Saarland! Ich habe jeden von meiner AHI-Mannschaft bei einer Saarbrücker Firma untergebracht, und zwar im Hochbau. Ich selber war Tiefbauer. Das Kapitel AHI war für mich abgeschlossen!

Weitere Einsätze

Am 18. März 1969 besuchte uns Emil Dittgen, Bauunternehmer in Schmelz/Saar, in unserem Haus in Eppelborn-Bubach. Er kam vom Arbeitsamt Illingen/Saar und war auf der Suche nach einem

Schachtmeister. Meine Adresse hatte er vom Arbeitsamt bekommen. Im Februar 1969 hatte schon die Firma Zettelmeyer in Konz bei Trier Interesse an mir gezeigt, um mich als Schachtmeister in Münzingen am Starnberger See für den Bau der Olympia-Straße München – Bregenz einzustellen. Doch die Firma Dittgen kam der Firma Zettelmeyer zuvor, und ich sagte der Firma Zettelmeyer ab.

Ich konnte sofort am nächsten Tag meine Arbeit aufnehmen. In dieser Firma gab es zwei Chefs – Chef Emil für den Außendienst und Chef Karl für den Innendienst. Meine Vorgesetzten hatten hauptsächlich Chef Emil im Griff und nutzten das reiflich aus. Es wurden mir mehrere Baustellen anvertraut, wodurch bei gewissen Vorgesetzten und einem Kollegen Neid entstand. Mit einem Kollegen, Herbert Melinsky, der sehr gute praktische Erfahrungen hatte und der bei seinen Untergebenen hoch angesehen war, verstand ich mich sehr gut. Herbert Anfang der 70er Jahre bei einem Autounfall zwischen Schmelz und Hüttersdorf ums Leben. Sein Tod war nicht nur für die Familie, sondern auch für die Firma ein großer Verlust.

Nach kurzer Zeit bei der Firma Dittgen sprach mich abends nach Feierabend Chef Karl an und fragte mich, ob ich zwei Stunden Zeit für ihn hätte. Ich bejahte und Chef Karl fuhr mit mir in der Gegend umher und zeigte mir seinen Besitz. Es entstand eine Vertrautheit zwischen uns beiden, die auch meinem Vorgesetzten auffiel, sehr zum Schaden für mich!

Als Chef Karl plötzlich und unerwartet verstarb, waren meine Tage in der Firma gezählt. Kurz darauf nahm ich mir meine Papiere und versuchte ein Techniker-Studium in Trier-Irminenfreihof zu absolvieren, welches ich allerdings wegen Krankheit abbrechen musste. Mein Hausarzt meinte damals zu meiner Frau: »Besser Sie haben einen gesunden Schachtmeister als einen toten Ingenieur. Was wollen Sie lieber?«

Bevor ich nach Trier zur Ausbildung ging, kamen Edgar Wegener und Vermesser Walter König in unsere Wohnung nach Bubach. Herr Wegener sagte zu meiner Frau, dass ich zu jeder Zeit bei seiner

Firma anfangen könnte, egal ob ich die Schule machen würde oder nicht – er betonte: *zu jeder Zeit!*

Als ich nun die Schule in Trier aus gesundheitlichen Gründen abbrechen musste, konnte ich bei der Firma Wegener sofort anfangen. Meine erste Tätigkeit war das Auffüllen von Erdmassen des Industriegeländes in Dillingen/Saar. Nach kurzer Zeit bekam ich die Maßnahme Dreisbach – Steinbach/Saarschleife. Um eine Begradigung der Straße herzustellen, musste ein Felsen von 30.000 m³ weichen. Nach kurzer Zeit war er beseitigt.

Es herrschte eine sehr gute Arbeitsharmonie auf dieser Baustelle, die Arbeit kam zügig voran, und Vorschläge wurden, wenn sie gut waren, von den Untergebenen angenommen und ausgeführt.

Nach der Baustelle Dreisbach – Steinbach/Saarschleife übernahm ich den Bau der Straßen und Plätze und alles, was dazugehörte, in Drahtcord/Merzig/Besseringen/Saarland. Anschließend wurde mir von der Firma Wegener beim Höllengraben in Neuforweiler in der Nähe des Linsler Hofes und beim Stausee in Losheim die Führung übertragen. Der Höllengraben war schon eine schwierige Maßnahme, die aber zur Zufriedenheit des Auftragsgebers und unserer Firma abgewickelt wurde. Das Bachbett wurde mit Gabionen ausgelegt, dies sind Drahtgeflechte, gefüllt mit Schotter-Körnung 40/70 mm. Als Überweg von einer Parzelle zur anderen – über den Höllengraben – wurden Rohre aus Thyssen-Stahl an Ort und Stelle eingebaut, dann von uns mit Erdmassen abgedeckt, anschließend wurde eine Fahrbahn hergestellt. Insgesamt waren es zwei Überwege, die hier fertiggestellt wurden. Auf dieser Baustelle gab es einen sehr guten Schachtmeister, der über die Arbeit und auch über die Führung von Menschen sehr gut Bescheid wusste. Er war aus einem sehr harten Holz geschnitzt, und ich glaube, dass wir uns gut ergänzt haben.

Bei der Lieferung der Thyssen-Rohre wurde von der Lieferfirma veranlasst, dass zum Abladen ein Bagger mit Fahrern, dazu noch zwei Mann nach Feierabend auf der Baustelle zu bleiben hatten. Die Lieferfirma kam nicht und die zum Abladen bestimmten Männer blieben bis 22.00 Uhr auf der Baustelle, was sie verständlicherweise frustrierte. Es waren der Baggerführer, ein Helfer und der Schachtmeister, die auf die Ladung warteten, und die Zeit des Wartens musste ja bezahlt werden. Das Schlimme an der Geschichte war, dass die säumige Lieferfirma nicht mal eine Benachrichtigung gab. Dies trieb den Schachtmeister auf die Palme. Die Worte, die er tags darauf dem Baustellenleiter sagte, möchte ich hier nicht wiedergeben, da sie nicht druckreif sind. Die Folgen blieben nicht lange aus. Der Baustellenleiter beschwerte sich bei seiner Firma, und ich wurde zum Chef zitiert, der über die Worte des Schachtmeisters sehr aufgebracht war. Ich konnte nur dagegenhalten: »Sie kennen ihn doch.« Ich wurde mit den Worten entlassen: »Sagen Sie dem Schachtmeister, dass diese Ausdrücke in Zukunft nicht mehr geduldet werden.«

Die zweite Lieferung von Thyssen-Rohren verlief genau wie die erste. Das war jetzt meine Sache. Ohne dieses Mal von meinem Chef zum Rapport aufgefordert zu werden, vereinbarte ich einen sofortigen Termin mit ihm. Ich nahm den Schachtmeister in Schutz, rechtfertigte seinen Wortschatz gegenüber der anderen Firma und sagte dem Chef, dass die Wartezeit auf Kosten der anderen Firma gehe. Es herrschte zunächst tiefes Schweigen und die andere Firma sah ihr Unrecht ein, tat ihre Arbeit und der weitere Verlauf der Baustelle war bis zum Schluss harmonisch.

Der Stausee Losheim

Der Stausee Losheim war der erste künstliche See, der im Saarland gebaut wurde. Der nächste, Bostalsee Nonnweiler – Wadern – Noswendel, entstand kurze Zeit später. Die Firma Wegener war zuständig für den gesamten Erdbau – Uferweg, Teil der Umgehungsstraße. Unser Arbeitsbereich erstreckte sich auf den Unterbau mit Oberflächenbehandlung und Vogelinseln am Ende des Sees als Naturschutzgebiet. Als Erstes wurde die Vermessung im Dammbereich durchgeführt, um den Mutterboden zu beseitigen und diesen außerhalb auf der Luftseite des Dammes zu lagern. Die Beseitigung erfolgte durch mehrere Planierraupen. Der Mutterboden war an verschiedenen Stellen über 50 cm stark, sodass die Raupen mehrere Tage zum Abtragen dieses wertvollen Bodens benötigten. Die Vermessung vollzog sich in den Entnahmebereich. In diesem Bereich wurden 500.000 m³ Erde gelöst und aufgeladen, je nach Entfernung bis zu 30 Dreiachser LKWS abgeladen, eingebaut und mit Rüttelwalzen verdichtet. Die Verdichtung des Dammes lag bei 95 % Proktur = gewachsener Boden. In der Anfangszeit wurde von mir ein Nomogramm entwickelt, um die höchste Leistung der Erdbewegung zu bekommen.

In der Zeit des Mutterbodenabtrags im Dammbereich hatte ich so etwa drei Tage Zeit, um die Quellen als Wasserlieferanten des Sees auf ihre Quantität – begrenzte und unbegrenzte Wasserführung – auszuwerten. Ich brauchte zwei Tage, um diese Arbeit radiästhetisch durchzuführen. Diese erfolgte bis oberhalb der Ortschaft Greimerath, von dort lief das Wasser nach Trier in die Mosel. Bei der Auswertung der Quellen musste die 24-stündige Literzahl ausgerechnet werden, nach der Formel: Literzahl in Minuten einer Quelle x 60 min. = 1 Std. x 24 Std. = ein Tag = m³.

Bei meiner Auswertung der m³-Menge Wasser, die ich nach Feierabend zu Hause vornahm, bekam ich eine stattliche Zahl bei der Zusammenzählung der Quellenquantität zusammen. Berücksichtigt werden musste auch die Versickerung des Quellwassers im Boden des Quellbereichs, das man als Grundwasser bezeichnet. Dieses Grundwasser, das sich im gesamten Beckenbereich befand, wurde durch die Spundwand vor dem Damm im Beckenbereich gestoppt, sodass dieses Wasser im Seebeckenbereich zum größten Teil vorhanden blieb.

Aber ein gewisser Anteil des aufgestauten Sees sickerte sich durch Wasserdruck unter der Spundwand durch und kam als Quellen unterhalb des Staudammes – Luftseite – zum Vorschein. Dieses Wasser musste durch Bohrungen in den Losheimer Bach in der Nähe des Tosbeckens geleitet werden.

Es wurde die Quantität zum Vergleich des Wasserschwunds – Verdunstung – ausgewertet, z. B. musste die Wasserzufuhr höher sein als die Verdunstung im Sommer bei der Hitze. Hier hatte man die Quantität des Losheimer Baches durch die Universität Darmstadt feststellen lassen, aber nicht die Abwässerung der Gemeinden Bergen und Scheiden. Diese wurden durch eine Kanalisierung aufgefangen und in den Hauptkanal in Losheim geleitet.

Aufbau des Dammes

Die Firma Strabag war hier federführend. Sie hatte die Spundwand am Fuß des Dammes – Wasserseite – hergestellt, zudem die Leitung für das Ablassen des Sees unter dem Damm, den Schieberschacht, den Überlauf und das Tosbecken mit deren Verbindung.

Als erste Schicht wurde Granulatstein eingebaut, als zweite Schicht Schotter der Körnung 40/70, als dritte Schicht von 50 cm war Lehm vorgesehen. Von der dritten Schicht aufwärts wurden 270.000 m³ Erdmassen aus dem Heimlinger Tal eingebaut. Es wurde im Auftrag im Bereich des Dammes abgerechnet. Die Verdichtung war 95 % Proktur.

Ich hatte eine hervorragende Mannschaft, die wusste, um was es ging. Von Anfang an hatte ich täglich eine Nachkalkulation ausgewertet, um zu ermitteln, wie der finanzielle Stand der Baustelle war. Sämtliche Positionen waren insgesamt mit 3.500.000 DM veranschlagt. Mein direkter Vorgesetzter war ein Dipl. Ing. der Firma Strabag, der die Theorie beherrschte, aber nicht die Praxis. Bei mir war es umgekehrt und wir befanden uns beide fast täglich im Clinch. Schließlich kam zu einer Baustellenbesprechung im Büroraum des Bauleiters. Anwesend waren der Chef der Firma Strabag, mein Chef Edgar Wegener und mein direkter Vorgesetzter, Oberingenieur Peter Schirra.

Um es kurz zu machen: Vierzehn Tage später wurde der Herr Dipl. Ing. und Baustellenleiter versetzt.

Als tags darauf der neue Bauleiter ankam, glaubte ich zunächst, ich sei auf dem falschen Dampfer. Er trug einen mexikanischen Hut, der übergroß auf seinem Kopf saß, und ich begrüßte ihn mit »Helau.« Er wusste nicht, welche Funktion ich auf der Baustelle innehatte, und nach einer Stunde wurde ich zu ihm bestellt. Ich stellte mich nun vor und er sagte: »Sie brauchen nichts über sich zu sagen, ich kenne Sie bestens. Ich mache Ihnen einen Vorschlag, und der wäre: Sie machen Ihre Arbeit und ich die meine. Das ist ein sehr guter Vorschlag.« Wir gaben uns die Hände, und auf ging's an die Arbeit.

Man muss auch alle möglichen Fehler machen, um sein Möglichstes getan zu haben.
(Elazar Benyoetz)

Insgesamt wurden 500.000 m³ Erdmassen bewegt, davon wurden 270.000 m³ für den Stau-Damm und 100.000 m³ Erdmassen für das Staubecken benötigt, die restliche Erdmasse wurde verteilt. Anschließend wurde ein künstlicher Damm zum Stau des Losheimer Bachs aufgebaut und parallel Lehm angefahren, um das Bachbett mit einer Lehmschicht von ca. 50 cm aufzufüllen und eine Verbindung mit den Erdmassen des Seebeckens herzustellen. Diese Lehmarbeit musste sehr schnell mit mehreren Raupen abgefertigt werden, um das gestaute Wasser zum Haupt-Damm fließen zu lassen. Bevor das Wasser lief, musste der Einlauf, der mit einem Gitter versehen wurde, fertig gestellt werden. Zuvor wurde die gesamte Dammschräge mit einer Bitumenschicht in 2 Lagen je 12 cm von Spundwand bis Höhe Uferweg hergestellt. Die Spundwand wurde mit einer Bitumensplittmasse umhüllt, die Spundwand dann freigelassen und mit Gussasphalt gefüllt. Bei der Fertigstellung der beiden Bitumenschichten wurde die gesamte Fläche mit erhitztem Gussasphalt porendicht verschlossen.

Der Damm war fertig, das Wasser gestaut, das Bachbett mit einer Lehmschicht versiegelt. Während dieser Zeit der Stauung mussten die drei Vogelinseln am Anfang des Sees fertiggestellt werden.

Doch bei der Vollstauung des Sees standen die Vogelinseln am Ende im Trockenen. Die Frage war nun: »Was haben wir falsch gemacht?« Da wir unsere Vermessungsarbeiten immer kontrolliert hatten und die Höhenangaben stimmten, mussten wir der Sache auf den Grund gehen. Wir gingen die Strecke vom Festpunkt = NN = Norma Null in der Nähe des fertigen Staudammes zu dem Festpunkt an der Ruine in der Nähe der Vogelinseln. Die Entfernung dieser beiden Festpunkte war schon eine beachtliche Strecke und beruhte auf Angaben vom Wasserwirtschaftsamt Saarbrücken und war in deren Plänen dargestellt. Bei der Auswertung dieses Nivellements fanden wir den Fehler, es war ein Ablesefehler von rund 1 m. Dieser Fehler wurde von der örtlichen Bauleitung natürlich uns in die Schuhe geschoben mit dem Argument, dass wir diesen Punkt hätten nachmessen und kontrollieren müssen. Meine Antwort darauf war: »Dann brauchen wir eure Vermessungen nicht, wenn euer Vermesser zu faul war, eine Kontrollmessung durchzuführen. Ich mache euch einen Vorschlag. Wir holen uns Moorraupen, das sind Raupen und Bagger mit sehr breiten Fahrketten, und abgerechnet wird im Tagessatz, sozusagen als Nachtrag.« Mein Vorschlag wurde angenommen, die Vogelinseln sind vom Wasser umgeben und stehen heute unter Naturschutz.

Während der Bauzeit wurde ein Maurer benötigt, doch wir bekamen keinen. Mir blieb keine andere Wahl, als einen pensionierten Bergmann als Maurer einzustellen. Ich wusste, dass er schon Häuser gebaut hatte, aber Schächte? Das war die Frage. Bei dieser Arbeit sieht man, ob einer mauern kann oder nicht. Nun, der Boden eines Schachtes wurde betoniert, zwei Schichten wurden von mir angelegt und gemauert, den Rest sollte der angebliche Maurer tun. Nach einer gewissen Zeit kamen die Leute vom Aufsicht-Wasserwirtschaftsamt und sagten zu mir: »Geh mal nachschauen, was der Neue sich am Schacht geleistet hat!« Mir schwante nichts Gutes. Ich ging hin, betrachtete seine Arbeit und sagte: »Abreißen, bis auf die zwei Schichten wird neu gemauert. Eins sage ich dir, an diesem Schacht lernst du mauern!« Nach dem vierten Abriss konnte er Schächte mauern.

Der Schacht ist die Baustelle teuer zu stehen gekommen, aber ich hatte nun einen guten Schachtmaurer.

Im Leistungsverzeichnis stand, dass der anfallende Felsen bis auf Stärke 30 cm zerkleinert werden sollte. Die anfallenden Felsen wurden in der Nähe des Regenrückbeckens am Anfang des Heimlinger Tals gelagert, nicht zerkleinert, aber Luftseite des Dammes in den Damm eingebaut und vorschriftsmäßig verdichtet. Gegen Ende der Bauzeit fand wieder eine Baustellenbesichtigung statt. Bei dieser Begehung fragte mich einer der Herren, wo die gelagerten Felsbrocken seien. Ich gab ihm folgende Antwort: »Vor ein paar Tagen waren kleine Männchen hier, die haben die Steine mit Leichtigkeit auf den Rücken genommen und weggetragen; wohin, weiß ich nicht!« Er sah mich an, lachte und winkte ab. Beim Einbauen der Felsbrocken rief ich morgens in einem Restaurant an und bestellte einen Tisch für die gesamte Bauleitung. Wir aßen und tranken, gegen Abend zahlte ich (Baukasse) und ein großer Teil der Felsbrocken war verschwunden.

An einem Montag hieß es, dass man für den kommenden Sonntag das Richtfest festgelegt hatte, und die Positionen – deren waren es mehrere – hatten fertig zu sein!. Ich drehte durch und sagte: »Warum hat man mir das nicht früher gesagt, ich weiß nicht, ob wir bis dahin fertig sein werden«. Unser Oberingenieur kam und ich war immer noch am Toben. Er beschwichtigte mich und meinte, ich bekäme Maschinen und Leute, so viele ich brauchte, denn das Richtfest sei ein Politikum. Anschließend ließ ich die gesamte Mannschaft antreten und teilte ihnen das Problem mit, fragte, ob einer von ihnen eine Lösung wüsste, ich hätte keine!

Der Gräderfahrer Hans Hußmann meldete sich zu Wort: »Geh zur Bauleitung und sage ihnen, wenn der Gräder das Material 0/70 auf den Millimeter einbauen muss, werden wir nicht fertig«. Ich ging zur Bauleitung mit dieser Nachricht, und es wurde eine Aktennotiz geschrieben, die verlautete, dass das Material 0/70 auf Zentimeter eingebaut werden solle. Ich ging zurück zu meiner Mannschaft und gab diesen Befehl der Bauleitung weiter. Hans Hußmann sagte: »Jupp, mach du deine Arbeit und wir machen unsere.« Samstags vor dem Richtfest war das Gewünschte fertig und wir hatten mehr geleistet als erwartet. Um 13.00 Uhr war Feierabend und ich bedankte mich bei meinen Leuten und sagte zum Magaziner: »Am Montag wird nur bis 12.00 Uhr gearbeitet, dann ist für jeden ein ¾ Pfund Schwenkbraten fertig, es gibt zudem genug zu trinken und ihr bekommt die gesamte Schicht wie in der Vorwoche bezahlt.« Selbstverständlich war das mit meinem Vorgesetzten abgesprochen.

Auf dem Richtfest am Sonntag war ich trotz Einladung selbstverständlich nicht anwesend, aber es fiel auch nicht auf. Unser Richtfest montags war gelungen, ein paar von meinen Jungs mussten nach Hause gefahren werden, weil sie total blau waren.

In der Bauzeit wurde 0/70 auf einen Stock von ca. 2.500 m³ angefahren und ich stellte immer kurzfristig eine Planierraupe zur Verfügung, um das Material einzuebnen und die Kippe des Stocks freizuhalten. Ich sah von Anfang an, dass das Material 0/70 für den Unterbau der Straße und Uferweg verworfen würde, weil der Lehmgehalt zu hoch war. Nach der Lieferung des Materials regnete es und ich legte meine Hand auf den aufgeschütteten Schotter, und siehe da, meine Hand war braun vom Lehm. Um einen weiteren Schaden für die Lieferfirma zu vermeiden, ging ich zur Bauleitung und sagte ihnen, dass sie bei dem zur Zeit herrschendem Regenwetter ihre Hände auf den Schotter legen sollten. Die beiden Herren schauten mich an wie das siebte Weltwunder, doch auf mein Drängen gingen sie mit nach draußen und legten ihre Hände auf das gelieferte Material. Als sie anschließend ihre Hände begutachteten und den Lehm sahen, der darauf klebte, wurde sofort das Material verworfen. Sie telefonierten auf der Stelle mit unserem Einkäufer, der sofort von Merzig nach Losheim kam und von meinem Büro aus gleich die Lieferfirma anrief und dem Besitzer des Steinbruchs über das von ihm gelieferte schlechte Material Bescheid gab. Am nächsten Tag kamen der Steinbruchbesitzer, mein Chef und unser Oberingenieur auf die Baustelle, um sich das Material anzusehen, welches dann sogar vom Steinbruchbesitzer persönlich verworfen wurde. »Was machen wir jetzt?«, fragte der Lieferant. Ich übernahm das Wort und empfahl ihm, er solle das Material liegen lassen, ich würde es hier einebnen, er brauche sich weiter um nichts zu kümmern. Er war sehr froh, dass er kein Ladegerät für die Einebnung einsetzen musste. Ich aber brauchte das Material für Bodenverbesserungen. Für diese Auffüllung war es sehr geeignet.

Der gesamte Seebeckenboden wurde im Durchschnitt von 1 m mit Erdmassen aufgefüllt, und die Verdichtung erfolgte hauptsächlich durch LKWs. 100.000 m³ Erdmassen wurden in diesem Bereich der Auffüllung benötigt. Das waren für Damm und Becken insgesamt 370.000 m³ Erdmassen, die benötigt wurden. 130.000 m³ Erdmassen wurden zwischen Damm und Bundesstraße eingebaut, die gleiche Masse wurde für die Bundesstraße und das Heimlinger Tal benötigt. Am Ende der Maßnahme wurde das Regenrückhaltebecken eingebaut. In dieser Zeit wurde in Brotdorf am Sägewerk, vorbei an Villeroy und Boch, eine Straßenbaumaßnahme in Angriff genommen. Diese Baustelle wurde eingerichtet, vermessen und neue Festpunkte hergestellt als Ausgangspunkt für weitere Vermessungen, dann folgte der Baggereinsatz. Mein letzter Arbeitstag bei der Firma Wegener war der 30. September 1974. Mein Nachfolger brauchte nur noch die Baustelle weiterzuleiten, der schwierige Anfang war von mir vollzogen worden.

Krankenhaus Illingen

Ich besaß schon immer eine soziale Ader und versuchte Menschen zu helfen, die in Not waren. Der Heilige Abend war für mich viele Jahre lang kein guter Tag und auch kein guter Bescherungsabend, da ich immer an die Menschen denken musste, die ärmer waren als wir und nichts hatten. Viele Jahre habe ich von Januar bis Dezember Geld gespart und es in einem Kuvert einem Priester übergeben mit der Bitte, das Geld den Bedürftigen in der Pfarrei zu geben, die er ja besser kannte als ich, damit diese Menschen auch Weihnachten feiern könnten, so wie wir!

Ich wollte etwas tun, das mir in meinem Inneren einen Ausgleich schaffte. So ging ich 1969 zwischen Weihnachten und Neujahr nach Illingen ins Krankenhaus und sprach bei der damaligen Oberin vor mit dem Angebot, in ihrem Krankenhaus freiwilligen Dienst zu leisten. Sie war damit einverstanden, doch als sie hörte, was ich von Beruf war, vermutete sie, es würde nur ein Strohfeuer sein. Doch dieses Strohfeuer hielt fünf Jahre lang, jeden Samstag und an allen Sonn-

Fühle mit allem Leid der Welt, aber richte deine Kräfte nicht dorthin, wo du machtlos bist, sondern zum Nachbarn, dem du helfen, den du lieben und erfreuen kannst.
(Hermann Hesse)

und Feiertagen. Nach kurzer Zeit wurde an diesen Tagen der Dienst der Station der Chirurgie Stationsschwester Maximinia in der Pflege nach mir ausgerichtet. Ich wurde vom Chefarzt und auch von den anderen Ärzten als vollwertige Kraft anerkannt.

Nach meinem Gespräch im Krankenhaus mit der zuständigen Oberin kam ich nach Hause. Meine gesamte Familie saß am Tisch, Maria, meine Jüngste, wurde gerade 3 Jahre alt. Nach dem Mittagessen teilte ich ihnen mit, dass ich vorhätte, ab 1. Januar 1970 sonntagsmorgens von 6.00 – 11.30 Uhr freiwilligen Dienst in der chirurgischen Abteilung des Illinger Krankenhauses zu leisten. Ich ließ meine Familie von Hand abstimmen. Alle hatten die rechte Hand hochgehoben, sogar die Jüngste, Maria.

Am 1. Januar 1970 um 5.45 Uhr war mein erster freiwilliger Arbeitstag im Illinger Hedwig-Krankenhaus. Ich lebte mich ganz schnell ein und war in kurzer Zeit eine große Hilfe auf der Station. Die Kranken haben mich alle angenommen und der erste Schwerkranke, den ich betreute und der auch in meinem Beisein verstarb, war der Schmied von Merchweiler. Sobald ich auf die Station kam, verlangte er nach mir und fragte: »Ist der Jupp da?«, weil er wusste, wenn ich kam, gab es immer etwas zu lachen. An seinem Sterbetag, es war ein Sonntag, kam ich am frühen Morgen auf die Station und fragte den Oberpfleger: »Was macht Opa (der Schmied), soll ich ihn füttern?« Der Oberpfleger sagte mir, dass es mit dem Schmied sehr bald zu Ende gehen würde. Ich tat meine Arbeit und als ich das Zimmer 10 betrat, ein Dreibettzimmer, Opa lag in der Mitte, sah ich, dass er schon apathisch war. Ich ging an sein Bett und sagte: »Mein Männjen was machst du für einen Mist?« Sofort war er munter und sagte: »Mein Knechtchen, meine Zeit ist abgelaufen, aber stopf mir die Pfeife, ich habe Lust, eine zu rauchen«. Ich ging auf die Station, angeblich um etwas zu erledigen, und sagte zum Chef und allen, die dabeistanden, um die Visite abzuhalten: »Was soll ich machen, Opa will die Pfeife gestopft bekommen, er will rauchen!« Der Chefarzt sagte zu mir: »Stopfen Sie ihm die Pfeife!« Ich ging zurück aufs Zimmer, nahm seine Pfeife, eine große gebogene, und stopfte sie. Es ging fast ein Paket Tabak hinein und zündete den Tabak an, sagte zu ihm: »Hier hast du deine Pfeife, rauche und wir beide werden noch ein wenig trainieren.« Er zog sich am Galgen auf und schob die Pfeife in den Mund, dabei erzählten wir uns Witze, die nicht stubenrein waren. Dann legte Opa sich hin und qualmte seine Pfeife, sodass man die eigene Hand nicht vor den Augen sehen konnte. Während wir uns Witze erzählten, sah er mich lachend an und starb. Ich rief: »Männjen, was ist los?« Doch er antwortete nicht mehr. Ich wollte die Stationsschwester rufen, aber alle standen schon in der Tür und hatten alles mitbekommen. Beim Hinausgehen aus dem Zimmer sagte der Chefarzt: »Das haben Sie gut gemacht!« Auf dem Flur heulte ich wie ein Schlosshund.

Von da an half ich fast jeden Sonntag auf der Inneren Station, die direkt neben unserer lag, Patienten, die von Samstag auf Sonntag verstorben waren, einzusargen. Ich gewöhnte mich sehr schnell daran, es machte mir bald nichts mehr aus.

Viele sterben, wie sie gelebt haben. Der Tod ist nichts anderes als eine Fortsetzung des Lebens, seine Vollendung ... Dieses Leben ist nicht das Ende; wer glaubt, es sei das Ende, fürchtet den Tod. Wenn man die Menschen überzeugen könnte, dass der Tod nichts anderes ist als der Heimgang zu Gott, gäbe es keine Furcht mehr.
(Mutter Teresa)

An einem Sonntag wollte ich mit meiner Frau und den Kindern irgendwohin fahren und bat Schwester Maximinia um einen freien Tag, den sie mir sofort genehmigte. Sie meinte, ich brauchte doch nicht um Urlaub zu bitten, da ich doch freiwillig arbeitete, doch da ich mittlerweile zur Station gehörte und miteingeteilt wurde, gab sie mir schließlich Recht, dass ich sie besser in Kenntnis setzte und um freie Stunden bat. An dem besagten Sonntag, morgens um 5.55 Uhr, klingelte bei uns das Telefon, am Apparat war Schwester Maximinia. »Herr Georg, können Sie mir helfen, ich bin alleine, der zuständige Pfleger hat mich im Stich gelassen.« Ich fuhr sofort nach Illingen und absolvierte meinen normalen Einsatz – die Familienfahrt fiel aus. Leider entstand mit der Zeit auch ein gewisser Neid auf der Station, da ich bevorzugt behandelt wurde, was ich aber nicht meine Absicht war.

Wie ich schon erwähnte, habe ich am 10. Oktober 1974 als Krankenpflegeschüler im St.-Josef-Krankenhaus in Neunkirchen/Saar angefangen, mein Praktikum machte ich in Illingen im OP und in der Ambulanz. Der Neid wurde stärker und schlug in Hass um, das war im Jahr 1975. In der Ambulanz, es war ein Freitagnachmittag, hatte ein Assistenzarzt Dienst und ich sollte einem Notfall eine Tetanolspritze und Tetagam 1 ml verabreichen. Der Patient stand direkt neben mir, ich zog die Spritze auf und sah, dass Zigarettenasche eingefüllt war. Ich nahm schnell eine andere Spritze und verabreichte sie dem Patienten, der nichts von dem Vorfall bemerkt hatte. Anschließend ging ich zu meinen Vorgesetzten, berichtete über diesen Vorfall und beendete meine Laufbahn als Krankenpfleger und meine Arbeit im Illinger Krankenhaus. Der Vorfall verursachte einen großen Wirbel, denn es wäre nicht auszudenken gewesen, was passiert wäre, wenn ich die Zigarettenasche nicht bemerkt hätte! Für so etwas war ich nicht zu haben!

Die Schule und das Krankenhaus Illingen wollten mich nicht gehen lassen, aber die Angst vor weiteren Intrigen war stärker. Nach ein paar Wochen, in der Urlaubszeit, rief mich Schwester Gordiana an, ob ich ihr nicht in der Ambulanz helfen könnte, der zuständige

Pfleger sei krank und die anderen in Urlaub. Ich ging sofort ins Krankenhaus in die Ambulanz und half vier Wochen lang aus. Nach Ablauf dieser Zeit hat man mir einen Lohn angeboten – ich war damals arbeitslos –, doch ich lehnte ab, obwohl ich das Geld für meine Familie dringend benötigt hätte. Meine soziale Einstellung war stärker als der materielle Anreiz. Aber die Obrigkeit des Krankenhauses wussten wahrscheinlich, in welcher Situation ich mich befand, und so hat man mich schließlich als Oberpfleger entlohnt.

Berufliche Umorientierung

Auf mich kam nun ein neues, ganz anderes Aufgabengebiet zu: Am 1. Oktober 1974 begann mein erster Tag im St.-Josef-Krankenhaus in Neunkirchen/Saar in der Krankenpflegeschule. Meine Arbeit als Bauführer gab ich auf, um eine Lehre als Krankenpfleger zu beginnen, das hieß für mich wieder ganz von vorne anzufangen. Aber wir wissen ja, warum wir auf der Erde sind: um zu lernen.

Mit dem 1. Oktober 1974 begann ein neuer Lebensabschnitt. Er war sehr schwierig, mit vielen persönlichen Opfern verbunden. Es musste eine Familie mit vier Kindern ernährt werden und dann die ungewisse Frage, was bringt die Zukunft? Da ich die vollste Unterstützung meiner Familie hatte, war im Grunde genommen schon ein großes Problem gelöst. Für diese großartige Unterstützung möchte ich mich an dieser Stelle auch heute noch bei meiner Familie herzlich bedanken.

Auch das Arbeitsamt Neunkirchen und der zuständige Abteilungsleiter mit seiner Sekretärin waren für mich eine sehr große Hilfe, sodass durch die Umschulung vom Bauführer in den Beruf des Krankenpflegers kein finanzielles Loch bei meiner Familie entstand. Wir konnten unsere Schulden abzahlen und litten keine Not. Natürlich mussten wir in allem kürzer treten, was aber nicht allzu schwierig war.

Trotzdem, es war ein sehr großes Risiko, ohne finanziellen Hintergrund eine sehr gute Position als Bauführer aufs Spiel zu setzen und in einen ganz anderen Berufszweig überzuwechseln. Aber ich wusste, dass meine Familie hinter mir stand, und das machte es mir leichter. In dieser Zeit habe ich ein Zitat gelesen, das auf solche Typen wie mich zutreffend scheint: »Ohne Arbeit früh bis spät wird dir nichts geraten, der Neid sieht nur das Blumenbeet, aber nicht den Spaten!«

Ich habe immer gern gearbeitet, bin heute noch mit Kopf und Herz immer dabei. Egal was ich tat, ich habe viele Kämpfe durchfechten müssen, habe gewonnen und auch verloren. Manchmal wusste ich nicht, wie ich meine Familie ernähren sollte. Nach meinem körperlichen Zusammenbruch in Völklingen, der ein langes Krankenlager nach sich zog und wir mit einem Gehalt von 720 DM monatlich auskommen mussten, von dem die monatlichen Ausgaben wie Miete, Licht, Wasser, Auto, Versicherungen von insgesamt DM 600 bestritten werden mussten, musste meine Frau in den 60er Jahren eine fünfköpfige Familie von 120 DM ernähren. Doch wir litten keinen Hunger, es gab eben dreimal am Tag Kartoffeln, die man eingelagert hatte. Meine Frau war und ist heute noch eine sehr gute Köchin, sodass jede Mahlzeit anders schmeckte. Als ich dann wieder aufstehen und etwas an die Luft gehen konnte, kam der Bäckermeister Albert Schwan auf mich zu und drückte mir 10 DM in die Hand mit den Worten: »Versauf es aber nicht, es ist für deine Familie.« Er meinte diese Worte zwar nicht so, doch sie taten mir sehr weh; ich war empfindlicher geworden.

Dann sollte ich ein Rauchhaus für die Metzgerei Alois Müller bauen. Ich sagte zu, doch ich hatte erst die Hälfte der Arbeit bewältigt, da ging bei mir nichts mehr. Ich rief Frau Müller an und sagte ihr, dass ich die Arbeit aus gesundheitlichen Gründen abbrechen müsse und dass ich versuchen würde, ihr einen anderen Maurer zu vermitteln, was mir auch gelang. Frau Müller meinte darauf, dass ich ihr sagen solle, was ich für die bereits geleistete Arbeit haben möchte. Ich lehnte einen Lohn ab, da ich meine Arbeit nicht fertig gestellt hatte. Dies geschah aus falschem Stolz und scheint in meinen Genen zu liegen – ich war kein Materialist und bin es bis heute nicht!

Nach kurzer Zeit ging meine Frau an der Metzgerei Müller vorbei, und Frau Müller rief sie in den Laden. Sie meinte zu meiner Frau: »So nehmen Sie wenigstens diese Tüte mit Inhalt mit.« Das waren Tage wie Weihnachten, es ging uns in dieser Zeit gut!

Es ging anschließend jedoch so hart her, dass ich meinen Peugeot 403, den ich beruflich brauchte, verkaufen musste. Jetzt stand ich auch noch ohne Transportmittel da!

Und so ging der Lebenskampf weiter. Ich hatte Freunde und Feinde. An meinem Wesen kann man nichts ändern, höchstens schleifen, so wie man einen Stein abschleift. Und ich wurde geschliffen, im Guten wie im Schlechten, die Wahl lag bei mir. Ich befasste mich mit dem Positiven und dem Negativen, und meine Wahl war oft das Gute. Das Schlechte, mit dem ich mich zwangsläufig auch sehr viel befasste, war für mich der Lernprozess schlechthin. Wenn ich etwas Schlechtes tat, wusste ich anschließend, das ich es nicht mehr tun durfte. Dadurch kam mir die Erkenntnis: Wer nichts Falsches oder Schlechtes in seinem Leben tut, hat auch in seinem Leben noch nichts Richtiges oder Gutes gemacht.

Teil II
(1974 – 2004)

Radiästhesist – Heilmagnetiseur – Heilpraktiker

Herr, bewahre mich vor dem naiven Glauben,
es müsse im Leben alles glatt gehen.
Schenke mir die nüchterne Erkenntnis, dass Schwierigkeiten,
Niederlagen, Misserfolge und Rückschläge
eine selbstverständliche Zugabe zum Leben sind,
durch die wir wachsen.
(Antoine de Saint Exupéry)

Die Zeit von 1974 – 2004

Meine Arbeit im Sozialbereich

Am 1. Oktober 1974 begann für mich mit meiner Lehre als Krankenpfleger im Sankt-Josef-Krankenhaus in Neunkirchen/Saar eine neue Zeit. Ein neuer Lebensabschnitt mit erneutem Lernen und neuen Erfahrungen begann – und ging, wie ich bereits erzählt habe, durch eine Intrige, der ich zum Opfer fiel, so rasch wieder zu Ende.

Im Juni 1976 absolvierte ich eine Heilpraktiker-Überprüfung beim zuständigen Gesundheitsamt in Neunkirchen/Saar. Ungefähr 1 ½ Jahr vor der Überprüfung hatte ich schon radiästhetisch und heilmagnetisch mit sehr großem Erfolg zu Hause gearbeitet. Allerdings wusste ich nicht, dass ich damit gegen das Gesetz verstieß. Ich habe bei denen, die meine Hilfe suchten, eine Diagnose gestellt und viele zu Ärzten geschickt, da ich meine Grenze kannte. Als ich im Krankenhaus arbeitete, konnte ich einem ägyptischen Professor zusehen, wie er verschiedene Patienten chiropraktisch einrenkte, und erlebte, dass die meisten Patienten nach dieser Therapie gesund waren. Ich sah mir diese Methoden an und entwickelte sie auf meine Art weiter. Meinen ersten Patienten hatte ich in meiner Familie. Ich bildete das Chiro-Talent, das ich besaß, so weit aus, dass ich jedes Gelenk, sogar Rippen und Schwertfortsatz, einjustieren konnte.

Zu der Zeit, als ich noch im Krankenhaus in Illingen beschäftigt war, fand ich nach Feierabend bei meiner Heimkehr ein Haus vor, das voll besetzt war mit Patienten, die schon auf mich warteten. Ich aß eine Kleinigkeit und arbeitete dann radiästhetisch und heilmagnetisch bis ca. 22.00 Uhr. Anschließend bin ich nach Thalexweiler gefahren und behandelte dort ein behindertes Kind. Gegen 24.00 Uhr war ich wieder zu Hause. Im Bett wurden dann noch medizinische Fachbücher gewälzt!

Die Ärzte im Illinger Krankenhaus wussten von meinen Fähigkeiten. Ein Arzt war es dann auch, der mir den Tipp für eine Heilpraktikerausbildung mit abschließender Prüfung gab. Ich wusste damals nicht, was ein Heilpraktiker ist, und fragte diesen Arzt danach. Er klärte mich auf: »Ein Heilpraktiker ist das Gegenstück von uns Schulmedizinern. Der Heilpraktiker arbeitet auf natürliche Weise!«

Ich machte meine Arbeit gewissenhaft, trotz des Schlafmangels, ich stand immer unter energetischem Druck. Doch in meinem gesamten Arbeitsfeld hatte ich den energetischen Ausgleich gefunden. In den Räumen des OP-Bereiches hatte ich immer meine Fachbücher liegen und bat Jeden Arzt, ob im Bereich der Anatomie, Physiologie oder Pathologie, um Antwort auf meine Fragen. Es gab keinen Arzt, der abweisend reagierte, auch nicht die Leute vom Pflegepersonal. Hier an dieser Stelle bedanke ich mich nochmals dafür.

Dann kam der Tag, an dem ich zur Heilpraktiker-Überprüfung musste. Anwesend waren der Amtsarzt und zwei alte Heilpraktiker. Ich wurde nach Beruf und Sonstigem gefragt, bis zum Schluss die Frage kam, was ich eigentlich als Heilpraktiker für Diagnosen stellen und welche Art der Therapie ich anwenden würde. Ich antwortete: »Ich stelle die Diagnose mit Rute und Pendel, übe chiropraktische

Tätigkeit aus und therapiere anschließend mit Heilmagnetismus. Andere Therapiearten werde ich in der Zukunft noch lernen!«

Damit war die Prüfung beendet: Die drei waren außer sich. Ich wurde als Verbrecher, Scharlatan, Kurpfuscher usw. angeschrien. Ich musste mich in dieser Situation über die Ruhe, die ich hatte, selber wundern. Der Amtsarzt war so aufgebracht, dass er sagte, ich solle vom Berg in Bubach, wo ich ja wohnte, und am besten aus seinem Kreis wegziehen. Bevor er diese Äußerung machte, nannte er mir die Anzahl der Leute, die bei mir ein und ausgingen, die Zahl der Autos, die bei mir geparkt hatten, mitsamt ihren Kennzeichen, und wer ihm dies alles berichtet hatte. Dann sagte er noch, dass ein sehr guter Freund mich bei ihm, wie man im Volksmund sagt, in die Pfanne gehauen hätte, einer, der seine Prüfung bei ihm nicht bestanden habe und nun zur Überprüfung nach Rüdesheim gehe.

Ich erfuhr, dass es ein Krankenpfleger gewesen war, der mich angeschwärzt hatte. Er hatte zum Amtsarzt gesagt: »Was sollte ich machen, der Georg Josef hat mir jeden Tag so viele Leute geschickt, dass ich sie annehmen und therapieren musste.« Noch dazu, wie ich jetzt wusste, hatte ein Nachbar von mir alle Autos aufgeschrieben, die bei mir vorfuhren, mit deren Nummern und der Anzahl der Leute, die zu mir kamen!

Ich versuchte mich zu wehren, doch es wurde mir verboten, heilpraktische Tätigkeiten ohne Prüfung auszuüben. Was ich daraufhin den beiden Heilpraktikern und dem Amtsarzt zum Abschluss sagte, möchte ich hier nicht niederschreiben, nur so viel: Es waren sehr harte Worte.

Zu Hause angekommen, rief ich einen Bekannten in Saarbrücken an und erzählte ihm alles. Er hatte einen guten Bekannten, der Rechtsanwalt war, und er wollte sich mit ihm wegen meiner Angelegenheit in Verbindung setzen und mir anschließend Bescheid geben. Schon nach einer Viertelstunde kam der Rückruf mit der Anfrage, ob ich um 17.30 Uhr in Saarbrücken Bahnhofstraße sein könnte, der Rechtsanwalt wolle mich kennenlernen. Pünktlich um 17.30 war ich mit meiner Frau an verabredeter Stelle. Wir begrüßten uns, und nach einem kurzen Gespräch mit dem Rechtsanwalt fragte dieser, ob ich eine Diagnose bei ihm erstellen könnte. Ich hatte eine kleine Rute bei mir, und in kurzer Zeit stand meine Diagnose fest. Er sagte: »Ich weiß, was ich habe. Sie haben in fünf Minuten eine Diagnose gestellt, für die die Schulmediziner ein halbes Jahr brauchten.« Weiter sagte er: »Ich übernehme Sie.«

Jeden Tag kamen nun Menschen zu mir in der Hoffnung, meine Hilfe in Anspruch nehmen zu können; eine Hilfe, die ich nicht mehr leisten durfte. Ich schickte diese Menschen nach Neunkirchen mit den Worten: »Geht zum Amtsarzt, das ist der Einzige, der euch helfen kann!« Und: »Sprecht mit euren Landtagsabgeordneten, die können auch irgendwie helfen.« Der Josef Georg wurde ein Gesprächsthema im Landtag.

Vom Landtag wurde veranlasst, dass das Gesundheitsministerium sich der Sache annehmen sollte. Es sollte meine Unterlagen vom Gesundheitsamt Neunkirchen anfordern und in den Landtag senden. Das geschah. Der damalige Ministerialrat, zuständig für sämtliche Amtsärzte im Saarland, fragte unseren Abgeordneten Hans Groß: »Wer ist eigentlich Josef Georg aus Bubach?« Groß gab zur Antwort: »Man nennt ihn den Pflasterer Jupp von Lebach.« Jetzt wusste der Ministerialrat, wer dieser Jupp war, denn wir waren schon damals eng befreundet. Er rief mich an und meinte: »Warum hast du mir nichts davon gesagt, dass du die Heilpraktikerprüfung machen wolltest?« Ich gab ihm zur Antwort: »Erstens wusste ich nicht, dass du diese Position innehast, und zweitens möchte ich die Heilpraktikerprüfung ablegen, trotz Widerständen, aber bei Unfairness werde ich dir Bescheid sagen. Und eines möchte ich dir noch sagen, das erste Mal bin ich sang- und klanglos durchgefallen, aber ich habe die Nerven, weiterzumachen. Den Berufungsausschuss, dem du vorstehst, brauchst du nicht einzusetzen; ich bin stärker als meine Prüfer.«

Im August 1976 wurde ich zur zweiten Prüfung geladen, und wieder fiel ich durch; diesmal, muss ich sagen, mit Recht.

Meine dritte Prüfung war im November 1976. Sie sollte eigentlich erst im Jahr 1977 stattfinden, aber für diesen früheren Termin war das Gesundheitsministerium verantwortlich. Die dritte Prüfung bestand ich, musste aber die Bescheinigung vom Landratsamt Ottweiler einholen, eher durfte ich nicht tätig werden! Ich rief einen sehr guten Bekannten an, mit dem ich sehr viel musizierte, mit der Bitte, er solle mir die Bescheinigung besorgen. Schon einen Tag später kam ein Anruf von ihm, dass er die Bescheinigung besorgt habe und sie mir persönlich überreichen wolle. Noch am selben Tag fuhr ich mit meiner Frau zu ihm, um sie abzuholen.

Homöopathie ist die modernste und durchdachteste Methode, um Kranke ökonomisch und gewaltlos zu behandeln. Die Regierung muss sie in unserem Land fördern und unterstützen. Genauso wie mein Prinzip der Gewaltlosigkeit niemals scheitern wird, enttäuscht auch die Homöopathie nie. Aber die Anhänger der Homöopathie könnten infolge falscher Anwendung der homöopathischen Prinzipien versagen. (Mahatma Gandhi)

Am 1. Dezember 1976 war mein erster Arbeitstag als nun geprüfter Heilpraktiker in Bubach, wo ich drei Räume angemietet hatte. Mit einem Röntgenarzt, der am Anfang meiner Tätigkeit zu meiner Sicherheit seine Diagnose stellte, konnte ich zufriedenstellend meine Arbeit am Menschen ausführen. Nach kurzer Zeit war dieser Diagnosearzt zum großen Teil nicht mehr notwendig, da ich mich in der Anatomie, Physiologie und Pathologie weiterbildete.

Bevor ich mich als Heilpraktiker selbstständig machte, hatte ich eine Ausbildung in Irisdiagnose absolviert. Ich machte die Feststellung, dass es einen Unterschied zwischen der Irisdiagnose und der radiästhetischen Diagnose gab. Wenn ich im Auge einen Gallenstein als ein gewisses Pigment sah, stellte ich dieses auch bei meiner radiästhetischen Untersuchung fest, nur mit dem Unterschied, dass ich hier auch die Größe des Steines ermitteln konnte. Zudem konnte ich bei der radiästhetischen Untersuchung auch feststellen, ob es ein Mineral- oder Fettstein war und ob dieser sich auflösen ließ oder nicht. Dann noch meine radiästhetische Frage: Muss er operiert werden oder nicht?

Ein weiterer Nachteil der Irisdiagnose: Nach der Beseitigung der Gallensteine durch Operation oder sonstige Behandlungen ist das Pigment bei der Irisdiagnose immer noch im Auge sichtbar, während nach einer radiästhetischen Behandlung kein Stein mehr vorzufinden ist. Das war der Grund, dass ich die radiästhetische Untersuchung einer Irisdiagnose vorzog.

Nie ist das menschliche Gemüt heiterer gestimmt, als wenn es seine richtige Arbeit gefunden hat. (Wilhelm von Humboldt)

1973 lernte ich eine ältere Frau kennen, die stark gehbehindert war. Ich erfuhr beim ersten Besuch, dass diese Frau hellseherische Fähigkeiten besaß. Man sagt doch immer, der erste Eindruck ist der beste; hier war es der Fall. Sie hatte keine Kinder und war schon viele Jahre Witwe. Durch ihre Behinderung war für es für sie sehr beschwerlich, einkaufen zu gehen, auch kürzere Strecken waren für sie schwer zu bewältigen. Nach kurzer Zeit informierte ich die Nachbarschaft über diesen Fall, mit der Bitte, sie sollten sich doch um die Frau kümmern und für sie einkaufen, was sie dann auch taten.

Eines Abends, so gegen 22.00 Uhr, ich war noch bei ihr auf Besuch, bekam diese Frau eine hellseherische Eingebung. Wir saßen bei Tisch und ich beobachtete ihre Reaktionen. Plötzlich sagte sie: »Mein Bub, du brauchst in deinem Leben keine Angst zu haben, du wirst besonders beschützt.« Ich bekam ein herrliches Gefühl, trotz meiner Gänsehaut. Dieser Abend war für mich ein Erlebnis, das ich nie vergessen werde! Bei ihrer hellseherischen Schauung (sie sah Geistwesen oder besser gesagt Wesen aus der feinstofflichen Welt), die ich miterleben durfte, wurde aus Unglaube Glauben.

Später, am Tag der Heilpraktiker-Überprüfung, bei welcher ich durchfiel, schämte ich mich, zu ihr zu gehen, später stellte ich mir die Frage: Warum? Sie lebte damals im Altenheim St. Josef in Eppelborn, wo ich sie drei Tage nach der Überprüfung besuchte. Sie wartete schon sehnsüchtig auf mich. Als ich ihr Krankenzimmer betrat, sagte sie: »Sei bitte ruhig, ich sage dir, was geschehen ist!« Ich setzte mich an ihr Bett und hörte, was sie mir zu sagen hatte. Sie sprach: »Am Mittwoch, am Tag deiner Prüfung, war schon um 14.30 Uhr beschlossen worden, dass du die Prüfung nicht bestehen wirst. Ich hatte um 14.35 Uhr eine Schauung. An meinem Bett standen drei Wesen, die sagten mir, dass bereits um 14.30 feststand, dass du die Prüfung nicht bestehen würdest! Es wurde weiter gesagt: ›Dem Jupp hat man ein sehr großes Unrecht angetan, und der am schlimmsten war, der stirbt in der nächsten Zeit.‹«

Kurz darauf starb der Schlimmste der drei Prüfer. Ich hege keinen Hass oder sonstwie negative Gefühle gegen meine damaligen Prüfer. Ich denke, sie konnten nicht anders. Was ich damals tat, war doch in ihren Augen esoterisch und okkult, das durfte weder von der Schulmedizin noch von der Naturheilkunde anerkannt werden!

Jahre später wurden gewisse Diagnosen und Therapiearten von der Schulmedizin für gut befunden. Alles, was in meiner Anfangszeit als Heilpraktiker therapiert wurde, wurde sehr bekämpft und ist heute selbstverständlich! Den Vorteil gegenüber der Schulmedizin, den ich mir hart erarbeitet habe, ist der, dass die Schulmediziner heute auf mein Können bauen und in gewisser Hinsicht meine Hilfe in Anspruch nehmen. Mit vielen Schulmedizinern arbeite ich zusammen, mit Erfolg. Mein Bekanntschaftsgrad wuchs von Jahr zu Jahr, nicht nur im Saarland, sondern darüber hinaus bis ins Ausland!

Die Anfangszeit meiner heilpraktischen Tätigkeit war gut, am 1. Tag waren schon 20 Patienten in meiner Praxis. Diese waren das erste Mal bei mir und ich konnte ihnen mehr oder weniger helfen. Die Mundpropaganda funktionierte enorm, es ist einfach die beste Werbung. Bald merkte ich, dass von meinen vier Kindern drei Interesse zeigten, in den Heilpraktikerberuf einzusteigen.

Aber der Neid, der mir gegenüber entstand, wurde immer größer. Mehrere Kollegen haben mit allen Mitteln versucht, mich und meine Praxis zu zerstören. Auch wurde ich dreimal totgesagt, es wurde bei uns zu Hause angerufen und gefragt, ob es wahr sei! Mehrmals wurde gesagt, ich sei sehr krank und läge im Krankenhaus. Diese Lügen kamen am Anfang meiner Praxistätigkeit sehr häufig vor, doch mit der Zeit verebbten sie und es nahm alles wieder seinen normalen Lauf. Damals ließ ich alles über mich ergehen, mit der Zeit merkten meine Neider, dass man mir und meiner Familie nichts anhaben konnte. Der Patientenandrang wurde immer stärker und es gab für mich keinen Samstag, Sonntag, geschweige denn einen Feiertag mehr. Immer standen Menschen vor der Tür, die meine Hilfe als Heiler verlangten oder in einer sonstigen Notlage waren. Ich konnte den Menschen in sehr vielen Fällen helfen und ihre Not lindern.

Wenn man im Heil- oder Sozialberuf oder ähnlichen Berufen tätig ist, sollte man versuchen, sich ganz einzusetzen. Ich habe seit dem 1. Januar 1970 keinen freien Tag mehr erlebt. Wenn ich mal nicht arbeite, gibt es nur einen Grund: Dann liege ich wegen Krankheit im Bett. Auch im Urlaub ist es eine Seltenheit, dass ich nicht gebraucht werde. Man sagt, Papier hält still, man kann viel schreiben, aber es ist die Wahrheit.

In den Anfängen der 80er Jahre wurde ich gebeten, einen Kontakt zwischen der damaligen Regierung und dem Heilpraktikerverband Saar herzustellen. Ich erreichte, dass ein Termin angesetzt wurde. Es waren bei diesem Treffen anwesend: der Staatssekretär, die Heilpraktiker, vertreten durch den 1. und 2. Vorsitzenden und meine Wenigkeit. Der Kontakt zwischen Regierung und Heilpraktikern wurde bei diesem Zusammentreffen besiegelt.

Nebenbei befasste ich mich noch mit der Kommunalpolitik und war in den höheren Kreisen kein Unbekannter. Ich bekam einen Anruf, dass ich am 22. Januar 1985 abgeholt werde wegen einer sehr wichtigen Sitzung. Auf meine Frage, worum es gehe, teilte mir der Anrufer mit, dass etwas Wichtiges zu besprechen sei. Ich sagte zu und wurde mit einem Pkw abgeholt, und um 10.30 Uhr befand ich mich in einem Hotel. Hier wurde ich gefragt, ob ich einer Person helfen könnte, die eine hohe Stelle in einer Gemeindeverwaltung anstrebte. Bevor ich gefragt wurde, hat sich jeder der Herren bei mir vorgestellt. Ich konnte helfen, denn bei der Wahl des betreffenden Gemeindeverbandes hat diese Person die nötigen Stimmen bekommen.

1983 wurde mein erstes Buch veröffentlicht. 1984 wurde abends eine Rundfunksendung ausgestrahlt mit dem Thema *Heilmagnetismus*, moderiert von Adolf Müller. Leider hat diese für mich sehr erfolgreiche Sendung bei den Kollegen Neid geschürt, und es gab wieder ein paar unschöne Vorfälle.

Von da an besuchte ich nur noch ganz wenige Seminare, mied die Heilpraktiker/innen und ging meinen eigenen Weg. Bis zum 1. Januar 1997 war ich noch im Verband der Deutschen Heilpraktiker tätig, dann trat ich aus.

Am 17. April 1984 erreichte mich ein Anruf vom Gesundheitsministerium mit der Bitte, ich sollte einen Fördererein für das Pflegeheim in Eppelborn-Habach gründen und mich zum 1. Vorsitzenden wählen lassen. Mich zum 1. Vorsitzenden wählen zu lassen lehnte ich ab, doch die Gründung des Fördervereins sagte ich zu. Nach wenigen Tagen schon hatte ich Vorschläge für den Vorstand, nur den Posten des 1. Vorsitzenden wollte niemand annehmen. Schließlich fand ich für dieses Amt den Altbürgermeister, der es mit Freuden annahm.

Am 12. Mai 1984 war die Gründungsversammlung, abends um 20.00 Uhr, in Eppelborn im Kulturhaus in der Kossmannstraße 45 c. Der Förderverein besteht noch heute, hervorragend vertreten durch seinen 1. Vorsitzenden. Es ist zu wünschen, dass er dem Verein noch lange erhalten bleibt.

Am Samstag, dem 12. Mai 1984, von 11.00 bis 12.00 Uhr, wurde eine Rundfunksendung über mein Buch *Heilende Hände* übertragen, Moderator war Peter Maronte. Ich hatte Lampenfieber, bei Beginn der Sendung legte es sich aber sofort. Die Sendung wurde gut aufgenommen, wie die vielen Anrufe bewiesen.

Am 26. Dezember 1984 hatte ich einen Wachtraum: Ich sollte die Eppelborner Jugend anregen, Menschen in Not zu helfen. Nach dieser Eingebung telefonierte ich mit meinem Neffen Fredi Holz und erzählte ihm davon.

Fredi war zu dieser Zeit 1. Vorsitzender der katholischen Jugend in Eppelborn. Er war von meinem Vorschlag begeistert und ein Teil der Eppelborner Jugend machte mit! Bevor es zur Gründungsversammlung kam, wurden zunächst noch mehrere vorbereitende Versammlungen abgehalten. Das Ziel des Vereins wurde folgendermaßen umrissen: jedem Menschen, egal welcher Farbe, Nation, Religion usw., wenn dieser unsere Hilfe braucht, zu helfen.

Jede öffentliche Institution war für diesen Verein offen, auch aus der Bevölkerung kam Unterstützung, nur von unserer Kirche nicht. Unser Pastor und seine Helfer waren unsere größten Gegner. Bevor die Gründerversammlung stattfand, mussten wir einen gewissen Kampf ausfechten. Fredi Holz wurde sehr stark angegriffen, mich ließ man in Ruhe, denn ich weiß mich zu wehren!

Am 24. Februar 1985 war die Gründungsversammlung im Eppelborner Kulturhaus. Der Vorstand setzte sich aus folgenden Personen zusammen:

Vorsitzender Josef Georg
Vorsitzender Jürgen Stegemann
Schatzmeister Hermann Josef Schmitt
Schriftführer Thomas Klesen
Pressewart Mathilde Hoffmann
Organisationsleiter Norbert Holz
Beisitzer Fredi Holz, Georg Vogel, Mia Alt
Kassierer Bernie Ziegler, Annette Alt
Kassenprüfer Berthold Schmitt, Alfons Schillo, Gerd Nowaki
Schirmherr Bürgermeister Fritz-Hermann Lutz

Am 2. Februar fand im Gasthaus König ein Zusammentreffen statt mit dem Pfarrgemeinderat und unserem noch nicht bestehenden Verein »Eppelborner Jugend hilft Menschen in Not« sowie dem Verwaltungsrat unserer Kirchengemeinde.

Anwesend waren:

vom Verein »Eppelborner Jugend hilft Menschen in Not«
Josef Georg
Mathilde Hoffmann
Jürgen Stegemann
Thomas Klesen
H. J. Schmitt
Fredi Holz
vom Verwaltungsrat: Walter Baus
Pfarrgemeinderat: Reinhold Bost

Der Name »Eppelborner Hilfsdienst« war ein Vorschlag von Erich Strauß, und er wurde einstimmig angenommen.

Bald wurden Presse, Rundfunk und Fernsehen auf den Eppelborner Hilfsdienst aufmerksam. Einige Jahre später, 1992, legte ich den Vorsitz nieder und überließ den Verein jüngeren Mitgliedern. aber als Mitglied blieb ich dem Verein treu.

Als Heilpraktiker hatte ich im Jahr 1985 meine Erfolge und Misserfolge. Mit den Heilpraktikern gab es keine Probleme mehr, sie ließen mich in Ruhe, doch mit einigen Ärzten hatte ich nun Probleme, aber nur eine gewisse Zeit. Meine Heilpraktikerarbeit war sehr erfolgreich. Ich wurde zwar belächelt und im Stillen bekämpft, doch wenn sie in Not waren, kamen sie alle und baten um Hilfe, die sie auch bekamen.

Eigenartig ist, dass Therapiearten wie Chiro- und Neuraltherapie, Akupunktur, Heilsonne, Magnetfeldtherapie, Lymphdrainage, Wärme-, Schall- und Lichttherapie von der Mehrheit der Schulmediziner bekämpft wurden und nach einigen Jahren, als das Wasser ihnen bis zum Hals stand, von sehr vielen angenommen wurden und nun als neueste Therapie-Methoden angepriesen werden. Dabei war es die Naturheilkunde, die sämtliche Therapiearten, die natürlichen Ursprung haben, erhalten, ausgebaut und salonfähig gemacht hat.

Am Anfang meiner Praxiszeit bis in die späten achtziger Jahre wurden diese Therapiearten bekämpft und lächerlich gemacht, vor allem die radiästhetische Diagnose und der Heilmagnetismus, insbesondere auch die chiropraktische Therapie. In diesen drei Bereichen hatte ich gute Erfolge zu verzeichnen, doch man konnte nicht jedem Patienten helfen, was dem Betreffenden auch sofort oder nach ein paar Behandlungen gesagt wurde. Ich schickte diese zu guten Ärzten oder Heilpraktikern mit anderen Behandlungsmethoden, und die Patienten waren zufrieden mit solch einem Wechsel.

1976 erweiterte ich durch Ankauf eines Hauses in Eppelborn das therapeutische Angebot, da auch zwei meiner Kinder Interesse am Heilpraktiker-Beruf zeigten. Seit Beginn meiner Tätigkeit war bereits meine Frau als Mitarbeitern in der Praxis tätig. Mit dem Kauf des Hauses wurde die unterste Etage für die Praxis ausgebaut. Es waren sechs Behandlungszimmer, ein Raum für die Aufnahmen, und ein Raum diente als Wartezimmer. Über mehrere Jahre arbeiteten wir mit 6 bis 7 Personen von 6.00 bis 18.00 Uhr, dazwischen lag eine Stunde Mittagspause. Es war ein reiner Familienbetrieb. Ab und zu kamen Heilpraktikeranfänger, um zu lernen und alles praxisnah zu erleben. Mein Sohn Max und Tochter Anne, die beide heute selbstständige Heilpraktiker sind, haben ihre praktischen Erfahrungen zum großen Teil bei mir gesammelt. Theoretisch wurden beide von Kollegen aufgebaut, um die Heilpraktikerprüfung zu absolvieren. Das war so gegen Anfang der achtziger Jahre bei Anne der Fall, Max hatte bereits mit 23 Jahren die Heilpraktikerprüfung bestanden, üblich war ein Alter von 25 Jahren, das Gesundheitsministerium hatte sich im Datum geirrt. Max bekam eine Sondergenehmigung, um in unserer Praxis als Heilpraktiker arbeiten zu dürfen. Anschließend sagte der Amtsarzt, es sei die »Krone einer Prüfung« gewesen! Diese Aussage wurde mir von einem damaligen Bediensteten übermittelt.

1986 kam eine Frau aus Osnabrück zu mir, sie schrieb an einer Dissertation über Heilmagnetismus und holte sich bei mir die Informationen, die sie für ihre wissenschaftliche Arbeit brauchte.

Zwischen meinen Praxistätigkeiten wurde ich im sozialen Bereich wie dem Eppelborner Hilfsdienst und auch außerhalb sehr stark beansprucht.

Bei uns zu Hause war es selbstverständlich gewesen, dass am Tisch gebetet wurde, und dies behielten wir auch nach unserer Hochzeit bei. Wie ich bereits erzählt habe, war bei meiner Arbeitsstelle Hoch- und Tiefbau Eppelborn ein Student als Hilfsarbeiter beschäftigt, und er war oft zu unseren Mittagsmahlzeiten eingeladen, gehörte quasi schon zur Familie. Eines Tages, nach dem Gebet bei Tisch, sagte er: »Das haben meine Eltern versäumt.« Ich fragte ihn scherzhaft: »Welcher Feldpostnummer gehörst du denn an?« Und er sagte: »Keiner! »Also bist du Atheist?«, fragte ich, und er bejahte. Ich sagte zu meinen Kindern Max und Dorle (Max war 6 und Dorle 5 Jahre alt und sie mochten den Studenten): »Jetzt wisst ihr, was ihr zu tun habt, betet für ihn!« Vor dem Einschlafen beteten sie nun für den Studenten.

Ein paar Jahre darauf kam er zu mir in die Wohnung und sagte: »Ich möchte mich taufen lassen.« Auf diesen Schreck ging ich mit ihm zuerst einen trinken und anschließend zu unserem Dechant Altmeyer, der ein sehr guter Seelsorger war. Ich zeigte auf meinen Begleiter und sagte: »Er will sich taufen lassen!« Der Student wurde nach einer angemessenen Zeit getauft und ich war sein Pate. Was Kindergebete bewirken können!

Bei vielen Ämtern gab es keine Schwierigkeiten, wenn ich Hilfe brauchte, denn sie wussten, ich wollte Hilfe für andere. Leute auf der Straße hielten mich an und gaben mir Geld für Bedürftige, Vereine standen auf meiner Seite und halfen, wo es möglich war, durch Konzerte, Spenden oder andere Hilfen.

Der Berufsgruppe der Heilpraktiker versuchte ich einen besseren Ruf zu verschaffen und sie vom Scharlatanismus und Okkulten zu befreien. Über die Arbeit, die ich ausübte, habe ich in vielen Radio- und Fernsehsendungen Rede und Antwort gestanden, zum Beispiel im SR Saarbrücken, im Bayerischen Rundfunk, bei Pro 7 und im Österreichischen Fernsehen. Dieser zuletzt genannte Sender, Uno, sendet bis zur Adria und wird im ganzen Kärntner Land gehört. Weitere Sendungen folgten: in Wien am Stephansdom, zweimal Österreicher Rundfunk, zwei Sendungen am Berg Mirnock in Kärnten am Millstätter See, eine im Zweiten Österreichischen Fernsehen und eine Fernsehsendung im Offenen Kanal Saarbrücken. Alle zwei Wochen hatte ich eine einstündige Sendezeit im Rundfunk in Kirchheimbolanden. Moderator war Charlie König, ein sehr fähiger Mann, und es wurde hauptsächlich über Radiästhesie gesprochen.

Eine Fernsehaufzeichnung, die in Unterföhring stattfand, wurde nicht ausgestrahlt, aus Gründen, die ich erklären möchte. Es war eine Talkshow, in der ich von einem Neurologen mit doppeltem Doktortitel fachlich angegriffen und polemisch als Verbrecher bezeichnet wurde. Er sagte wörtlich: »Es ist ein Verbrechen, solche Therapien auszuführen und mit Rute und Pendel eine Diagnose zu stellen!« Ich wehrte mich auf eine Art, dass diese Sendung nicht ausgestrahlt werden konnte.

Wie gesagt handelte es sich um eine Aufzeichnung, aber mit einem großem Publikum im Studio. Zwei Wochen vor dieser Fernsehaufzeichnung hatte mich die Chefredakteurin der Sendung angerufen und mich darauf aufmerksam gemacht, dass mein Partner ein Arzt sei, der nicht viel von meinem Beruf halte. Ich sagte ihr, da ich eine telefonische Zusage gegeben hätte, würde ich mich auch an die Zusage halten. Weiter sagte ich: »Wenn dieser Arzt von meiner Sache nichts hält, so ist das sein Problem, aber nicht meines. Wenn er mich in dieser Fernsehaufzeichnung angreifen sollte, so habt ihr eine Kappensitzung (Fastnachtssitzung).« Darauf meinte sie: »Das wollen wir«, und ich sagte: »Dann ist das gut so.«

Es wurde eine Kappensitzung!

Meine erste Fernsehsendung hatte ich im Saarländischen Rundfunk auf dem Hallberg in Saarbrücken, das Thema war *Heilmagnetismus*. Die erste Sendung verlief ohne Komplikationen, der Moderator war sehr fähig und die Sendezeit belief sich auf 10 Minuten, was im subjektiven Empfinden sehr lange sein kann.

Der Tonmeister sagte zu meiner Frau und meiner Tochter, die mich begleiteten: »Warum sendet man diese Themen so wenig, das ist doch ein Thema, über das die Mehrzahl der Leute etwas wissen möchte. Diese Sendung ist hervorragend und es braucht nichts geschnitten zu werden!« Es handelte sich um eine Aufzeichnung.

Meine zweite Sendung, diesmal im Radio, fand kurz darauf statt, Länge der Sendung eine Stunde, und wieder ging es um Heilmagnetismus. Auch hier war der Moderator sehr gut, seine Fragestellung verriet, dass er sich gut vorbereitet hatte. Die Sendung wurde direkt ausgestrahlt und stieß bei den Hörern auf großes Interesse; es gab sehr viele Anfragen beim Sender.

Eine weitere Rundfunksendung wurde am 15. Juni 1985 für den Bayerischen Rundfunk aufgezeichnet und am 4. Juli 1985 ausgestrahlt. Am gleichen Nachmittag wurde die Folge-Sendung aufgenommen, ausgestrahlt vom Saarländischen Rundfunk – Saarlandwelle. Diese Reportage, die vom EHD, dem Eppelborner Hilfsdienst, berichtete, wurde am 15. Juli um 12.30 Uhr ausgestrahlt.

Am 15.12.1986 kam der Saarländische Rundfunk in meine Praxis, um über die Aktivitäten des EHD zu berichten.

Am 28.5.1988 von 11.00 bis 11.40 Uhr wurde eine Sendung im Dritten Programm ausgestrahlt – über meine Praxis, meinen beruflichen Werdegang als Heilpraktiker, über die Zusammenarbeit mit Ärzten, des Weiteren über Pendel, Rute und Erdstrahlen usw. Das Thema der Reportage drehte sich um den Sinn des Heilmagnetismus.

Am 16. Febr. 1991 wurde eine Fernsehaufnahme mit dem Direktor des Tibliser Universitätskrankenhaus in meiner Praxis aufgezeichnet, der Dolmetscher war Kethino.

Am 28. Januar 1991 hatte es bereits eine Radiosendung des Saarländischen Rundfunks über Heilmagnetismus gegeben.

Weitere Sendungen:

19.10.1993: Aufzeichnung einer Rundfunksendung in der Deutschen Herzklinik für Kinder in St. Augustin mit Chefarzt Dr. Urbain.
21.12.1993: Aufzeichnung einer Fernsehsendung zu meinem 60. Geburtstag im Saale Bohlen in Eppelborn-Calmesweiler.
20.09.1994: Direktübertragung des Privatsenders in der Saar-Galerie in Saarbrücken.
02.02.1994: eine Fernsehsendung in Saarbrücken mit der Musikkapelle »Jupps fidele Musikanten«.
22.04.1994: Rundfunksendung in der Praxis über Heilung.
01.05.1995: Fernsehsendung, Lehrpfad der Radiästhesie an der Schwalbenhalle, vormals Kulturhaus, in Eppelborn.
01.06.1996: Fernsehsendung im Finkenrech, Eppelborn-Dirmingen, mit der Musikkapelle »Jupps fidele Musikanten«.
19.10.1996: Rundfunksendung – Offener Kanal – über den neu von mir gegründeten Verein »Kindernothilfe«.
31.10.1996: Fernsehsendung des Österreichischen Fernsehens in Gschriet am Millstätter See, Gemeinde Ferndorf, über die *Orte der Kraft am Berg Mirnock*.
14.01.1997: Rundfunksendung – Offener Kanal, Berliner Promenade, Themen: *Orte der Kraft in Kärnten* und *Kindernothilfe Saar*.
25.01.1997: Fernsehsendung – Offener Kanal – über meine Heimatgemeinde Eppelborn.
11.02.1997: Rundfunksendung – Offener Kanal in Landsweiler bei Lebach/Saar.

11.02.1997: Rundfunksendung – Offener Kanal in *Saarbrücken.*
18.04.1997: Rundfunksendung – Offener Kanal – in der Kinderherzklinik St. Augustin.
01.05.1997: Rundfunksendung – Offener Kanal in Macherbach/Saar – Kappellenfest.
13.05.1997: Rundfunksendung – Offener Kanal – Kinderherzklinik St. Augustin mit Dr. Urban.
17.08.1997: Rundfunksendung – Offener Kanal Saarpfalz – in Homburg/Saar über *Kraft-Orte.*
23.08.1997: Rundfunksendung – Offener Kanal in Rentrich.
17.11.1997: Fernsehsendung am Millstätter See – Berg Mirnock/Kärnten.
13.11.1997: Fernsehsendung in Ferndorf und Döbriach/Kärnten.
25.11.1997: Fernsehsendung – Saar TV – über *Radiästhesie.*
12.12.1997: Fernsehsendung – Saar TV – Kirche in Eppelborn, *Kraft-Orte.*
13.01.1998: Rundfunksendung – Offener Kanal – *Leben Wasser.*
27.01.1998: Fernsehaufnahme Nockalmquartett in Millstatt/Kärnten und Musikkapelle Diamanten – Prinz von Lichtenstein in Rossegg am Wörthersee, Gasthof Bergfried am Mirnock/Kärnten.
28.01.1998: Fernsehaufnahmen auf dem Katschberg mit der Musikkapelle »Diamanten«.
30.01.1998: Fernsehaufnahmen in der Hütte Bergfried Mirnock/Kärnten.
05.02.1998: Rundfunksendung über Wassersuchen auf dem Berg Mirnock/Kärnten mit dem Radiästhesisten Kavalerie aus Villach/Kärnten.

10.02.1998: Rundfunksendung – Offener Kanal in Saarbrücken.
17.02.1998: Rundfunksendung in Wien/Schloss; 100. Todestag von Kaiserin Sissi – Einladung von Emanuel Prinz von Lichtenstein.
18.02.1998: Rundfunksendung in Klagenfurt – Radio Uno in Kärnten – Ausstrahlung im ganzen Kärntner Land und bis zur Adria.
28.03.1998: Rundfunksendung Saar-TV – *Kraft-Orte in Kärnten.*
11.02.2000: Rundfunksendung – Offener Kanal.
09.03.2000: Fernsehsendung für Mag. über *Radiästhesie.*
15.08.2000: Rundfunksendung – Offener Kanal – über *Heilmagnetismus.*
15.09.2000: Fernsehsendung Saar-TV – über *Radiästhesie und Heilen.*
16.01.2001: Rundfunksendung – Offener Kanal in Saarbrücken – über Erdbeben der Grube Falscheid.
15.02.2001: Fernsehsendung in Lebach/Saar.
20.02.2001: Rundfunksendung – Offener Kanal – über *Millstatt/Kärnten.*
20.03.2001: Rundfunksendung – Offener Kanal – über *Radiästhesie.*
17.04.2001: Rundfunksendung – Offener Kanal – Steinberg-Deckenhardt/Saar.
15.05.2001: Rundfunksendung – Offener Kanal – Thema *Bachblüten.*
06.06.2001: Rundfunksendung – Radio Melodie in Lebach/Saar – Heinrich Zimmer.
19.06.2001: Rundfunksendung – Offener Kanal – Thema *Edelsteine.*

23.06.2001: Rundfunksendung – Radio Melodie in Lebach – H. Zimmer.
11.07.2001: Rundfunksendung – Radio Melodie in *Lebach – H. Zimmer.*
14.07.2001: Rundfunksendung – Offener Kanal – Stadthalle Lebach, H. Zimmer.
17.07.2001: Rundfunksendung – Offener Kanal – *Geschichte der Radiästhesie.*
21.08.2001: Rundfunksendung - Offener Kanal – *Geschichte der Radiästhesie.*
07.09.2001: Rundfunksendung – Offener Kanal Saarbrücken, mit Cindy und Bert, Ria Riehm und mir.
16.10.2001: Rundfunksendung – Offener Kanal Saarbrücken – Uraufführung des Marschs »Jupps fidele Musikanten«.
20.11.2001: Rundfunksendung – Offener Kanal Saarbrücken.
18.12.2001: Rundfunksendung – Offener Kanal Saarbrücken.
19.03.2001: Rundfunksendung – Offener Kanal Saarbrücken.
22.08.2002: Rundfunksendung – Radio Donnersberg, Kirchheimbolanden, Thema: *Radiästhesie*
05.09.2002: Rundfunksendung – Radio Donnersberg mit Schlagerstar Gunter Gabriel – Thema: *Ufos.*
19.09.2001: Rundfunksendung – Radio Donnersberg, Thema: *Radiästhesie.*
03.10.2001: Rundfunksendung – Radio Donnersberg, Thema: *Edelsteine.*
17.10.2001: Rundfunksendung – Radio Donnersberg, Thema: *Bachblüten.*

31.10.2001: Rundfunksendung – Radio Donnersberg,
Thema: *Radiästhesie.*
14.11.2001: Rundfunksendung – Radio Donnersberg,
Thema: *Radiästhesie.*
28.11.2001: Rundfunksendung – Radio Donnersberg,
Thema: *Radiästhesie.*

Dies waren meine Fernseh- und Rundfunksendungen in der Zeit von 1984 bis 2001 – insgesamt 70 Sendungen, davon 17 Fernseh- und 53 Rundfunksendungen.

Besuch aus Georgien

Durch Herrn Georg Lauran, Harlekine Verlag Lebach, bekam ich Kontakt zu der damaligen georgischen Führung, die mehrere Tage zu Gast bei Herrn Lauran war, wozu ich einen finanziellen Beitrag leistete. Georgien, ein ehemals sehr reiches Land, war in Armut geraten. Die georgischen Gäste waren sehr bescheiden und zufrieden mit allem, was ihnen geboten wurde.

Es waren der Stellvertretende Ministerpräsident Enver Nishradse, der Präsident des Georgischen Schriftstellerverbandes, Muchram Matshawariani, in Begleitung von Cram Pandshikidse, dem »Poeten von Georgien«, und ihrem Pressesprecher Wladmir Saridse.

Es war die Zeit vor Schewardnaze, dem späteren Ministerpräsidenten. Zu dieser Zeit amtierte noch der Staatspräsident der II. Republik Georgiens, Swiad Gamsadurdia, der heute nicht mehr unter den Lebenden weilt.

Während des Aufenthaltes der georgischen Führung bei der Familie Lauran war auch der Direktor der Universität in Tiflis mit seiner Dolmetscherin bei mir. Der Direktor, der in Tiflis für die Naturheilkundliche Fakultät verantwortlich zeichnete, wollte sehen, wie ich diagnostizierte und therapierte.

Der Präsident des Schriftstellerverbandes Muchram Matshawarani war als Patient bei mir. Er trug Schuhe, die eine Nummer zu klein waren und ihm Schmerzen bereiteten. Kurzum besorgte ich ihm Schuhe in der ihm passenden Größe, und er konnte wieder schmerzfrei gehen.

Einige Tage später erhielt ich vom 1. Vorsitzenden des Schriftstellerverbandes Georgien eine Einladung in das Restaurant Yppelbrunn in Eppelborn. Diesem Zusammentreffen wohnten bei: vier Personen aus Georgien, vier Schriftsteller aus dem Saarland, Herr Georg Lauran, Pater Athanasius – Prior der Abtei Tholey –, Herr Kurt Haben – Vertreter des Eppelborner Hilfsdienstes –, Bürgermeister Fr. H. Lutz von der Gemeinde Eppelborn und meine Wenigkeit. Über dieses Treffen am 08.03.1991 machte die Chefredakteurin Elke Hermann vom Saarländischen Rundfunk eine Reportage.

Glücklich ist der Mensch, der seinen Nächsten trägt in seiner ganzen Gebrechlichkeit, wie er wünscht, von jenem getragen zu werden in seiner eigenen Schwäche.
(Franz von Assisi)

Kurze Zeit später kam ich in Kontakt mit dem Georgischen Botschafter für Frankreich und Spanien, den ich als Patient versorgte.

Georg Lauran schrieb über den 9. April 1989 ein Buch mit dem Titel *Blut und Tränen auf dem Weg in die Zweite Georgische Republik*, das ich sponserte. Die Auflage bestand nur aus 350 Exemplaren.

Zur gleichen Zeit bekam ich den Auftrag, den Eppelborner Hilfsdienst zu mobilisieren um eine gesamt-georgische Hilfe herzustellen, die vom EHD organisiert werden sollte. Doch wie sich dann herausstellte, war dies für den Verein ein paar Nummern zu groß. Hier konnten nur das Land und die damalige SPD-Regierung eingreifen; wenn dies nicht erfolgen sollte, wollten wir die Opposition CDU einschalten.

Ich weiß noch genau, dass die vier Georgier von der damaligen Regierung nicht aufgenommen wurden. In ihrer Not und um überleben zu können, wandten sie sich an mich. Es wurde ihnen geholfen, soweit es in meiner Macht lag.

Besuch aus Puna – Indien

In den achtziger Jahren erhielt ich einen Anruf von Prof. Dr. Ranade, Universität Puna, Indien. Er fragte, ob er ein paar Tage bei mir assistieren dürfe, was ich bejahte. Er wollte meine Technik in der radiästhetischen Diagnose und heilmagnetischen Therapie und weitere Therapiearten kennenlernen.

Prof. Ranade kam und assistierte mehrere Tage in meiner Praxis. Zunächst bestand er darauf, nach den Vorschriften des indischen Kastensystems zu praktizieren, eckte damit jedoch bei meinen Patienten und bei meiner Mannschaft an. Doch sehr schnell passte er sich den Methoden meiner Praxisausübung an. Einige Monate später besuchte er mich noch einmal mit seiner Frau, die Ärztin war und mich kennenlernen wollte. Sie schaute sich das System an, nach dem ich diagnostizierte und therapierte. Daraufhin waren wir noch lange in Kontakt.

Während Prof. Ranade und seine Frau bei uns weilten, zeigten meine Frau und ich ihnen unser schönes Saarland. Am interessantesten für beide war die Abtei Tholey, die sie sehr bewunderten.

Besuch aus Israel

Es war in der Anfangszeit meiner Praxiszeit 1977/78, als mich ein Anruf des Bürgermeisters von Mettlach erreichte. Er fragte bei mir an, ob ich jemanden mit Nierenkolik oder evtl. Kreuzschmerzen behandeln könne. Ein Prof. Dr. Ernst Blumenthal aus Jerusalem, der einen Vortrag in Mettlach gehalten hatte, leide unter einem Schmerzsyndrom im Nierenbereich.

Ich erklärte mich bereit, ihm zu helfen. Der Bürgermeister fragte nun Herrn Blumenthal, ob ich zu ihm kommen solle. Er verneinte, kam aber auch nicht auf mein Angebot hin nach Eppelborn. Ich bot einen Termin für den nächsten Tag an. Wieder lehnte Herr Blumenthal ab, mit der Begründung, es sei morgen, am Samstag, »Sabbat«. Daraufhin sagte ich: »Dann behalte deine Schmerzen und denke an den Bibelspruch: ›Sollte man den Esel aus dem Loch befreien, der an einem Sabbat hineingefallen ist?‹« und gab ihm einen Termin für den Sonntag, der dann auch wahrgenommen wurde.

Pünktlich um 10.30 Uhr erschien der Bürgermeister mit Prof. Dr. Blumenthal in meiner Praxis, und ich sagte: »Heute habe *ich* meinen Sabbat, doch ich werde versuchen, den Esel aus dem Loch zu befreien.« Die Antwort blieb er mir schuldig. Nach einer Behandlungsdauer von ungefähr fünfzehn Minuten war Dr. Blumenthal wieder schmerzfrei.

Einige Jahre später verstarb er. Mit ihm und seiner Frau verband uns eine jahrelange echte Freundschaft. Seine Frau Miriam war beim Kultusministerium als Schulrätin beschäftigt, die Freundschaft mit ihr hielt noch lange an. Ich wurde auch in diesen Kreisen bekannt, und zwar als der *Jupp aus Deutschland*.

Besuch aus Venezuela

Es war Mitte der siebziger Jahre, in meiner Assistentenzeit, als ein Venezuelaner in meine Praxis kam. Die Diagnose war bald gestellt. Ich ließ ihn eine Zeichnung seines Schlafzimmers anfertigen und stellte fest, dass er auf einer Wasserader schlief. Ich fragte ihn, ob er einen guten Rutengänger in seiner Heimat kenne, was er bejahte. Daraufhin gab ich ihm Anweisungen, was er zu Hause tun sollte, und ungefähr ein halbes Jahr danach kam ein Päckchen mit einem Lederbeutel und dem Landeswappen, einem Indianerkopf. Dabei lag noch ein Brief, in dem stand, dass meine mediale radiästhetische Auswertung genau gestimmt hätte.

Anfragen aus Brasilien

Auch aus Brasilien kamen Brief. In einem standen die folgende Frage: Wie neutralisiere ich negative Strahlen, z. B. Wasseradern, Verwerfungen usw.? Meine Antwort lautete hier: in der Neutralisation der negativen Strahlen. Im nächsten Brief wurde angegeben, dass sich ihr Dorf auf einer sehr starken Quarzschicht befinde. Hier wurde die Frage gestellt, ob diese Quarzschicht für die Menschen, die dort leben, schädlich sei. Meine Antwort: Die Menschen leben gesund, da Quarz ein sehr guter Energieleiter ist und dadurch die negativen Strahlen durch die vermehrten positiven Strahlen überlagert sind.

Anruf aus Kanada

Aus Vancouver kam ein telefonischer Anruf mit der Frage: Gibt es einen Schutz für die Bienen gegen die Varroa-Milbe? Der Hintergrund: Die Varroa-Milbe zerstört ganze Bienenvölker. Um dem entgegenzuwirken, versuchte ich homöopathische Mittel einzusetzen. Eine diesbezügliche Forschung wurde 1999 bereits von mir betrieben. Ich verwies den Anrufer aus Vancouver weiter an Herrn Laurenz Schulte in Geeste/Emsland und an Herrn Klaus Möller in Lübeck, welche ebenfalls mit diesem Problem – Biene und Varroa-Milbe – zu tun hatten.

Ziel eines sinnvollen Lebens ist, den Ruf der inneren Stimme zu hören und ihm zu folgen. Der Weg wäre also sich selbst erkennen, aber nicht über sich richten und sich ändern wollen, sondern das Leben möglichst in der Gestalt anzunähern, die als Ahnung in uns vorgezeichnet ist.
(Hermann Hesse)

Besuch aus Nasa – Amerika

In der Mitte der 70er Jahre bekam ich einen Anruf aus Lebach mit der Anfrage, ob ich nicht einmal vorbeischauen könnte. Es sei Besuch aus Amerika da, ein Mann, der nicht mehr gehfähig sei und starke Schmerzen habe.

Ich konnte ihm helfen, versorgte ihn, und nach ein paar Minuten war er schmerzfrei und konnte wieder gehen. Man nannte ihn den *Raketen-Bayer*, er war einer der engsten Mitarbeiter von Wernher von Braun. Nach der Behandlung sagte ich zu ihm: »Ihr habt doch in Amerika die Spezialisten für chiropraktische Arbeit und sie kommen nach Lebach, um wieder gesund zu werden!« Er hielt den Kontakt mit mir aufrecht und schickte mir des Öfteren eine Postkarte.

Anfrage aus Süd-Australien

Aus der Stadt Blakiston bekam ich einen Brief von einem Herrn namens Harry Richter. Herr Richter brauchte meine Hilfe und bat mich, einige Fragen zu beantworten. Sein Brief wurde von mir radiästhetisch ausgewertet und ich konnte ihm damit eine Hilfestellung geben, die ihn aufbaute. Die Auswertung wurde telefonisch durchgegeben, um das von mir diagnostizierte Angstsyndrom zu lösen, was auch gelang. Den Brief mit dem radiästhetisch ausgewerteten Ergebnis bekam er erst viel später, der dann den Beweis für das am Telefon geführte Gespräch lieferte.

Dr. med. Ottmar Kohler – der Arzt von Stalingrad

Mit Dr. med. Ottmar Kohler, dem bekannten Arzt von Stalingrad (Buch und Film), verband mich ein sehr gutes und enges Verhältnis. Kennen lernte ich ihn durch den Hausmeister vom Allenbacher Schloss bei Idar Oberstein, der ein Patient von mir und Dr. Kohler war. Dr. Kohler war der Chefarzt des Ida Obersteiner Krankenhauses.

Das Schloss von Allenbach befand sich im Besitz von Dr. med. Purber, der seinen Freund Dr. Kohler seinerzeit nach Idar Oberstein berufen hatte und den ich sehr gut kannte. Wir führten in der Hausmeisterwohnung sehr oft Fachgespräche und werteten Röntgenbilder aus. Über die Verbindung von Dr. Purber und seinem

Hausmeister kam ich zu Dr. Kohler. Wenn dieser den Hausmeister therapierte, schrieb er seine Therapie auf einen Zettel. Dieter, so hieß der Hausmeister, kam dann zu mir, gab mir den Zettel und ich wusste, wie ich weiterzutherapieren hatte.

Heilung wird durch Frequenzen (Schwingungen) und nicht durch chemische Materie (allopathische Arznei) bestimmt. Unsere Resonanzfähigkeit ist die Voraussetzung für Gesundheit und Heilkraft.
(Paul Schmidt)

Wir beide, Dr. Kohler und ich, kannten uns nur durch meine Verbindung von Dr. Purber und Dieter; persönlich begegnet sind wir uns leider nie. Am Todestag von Dr. Kohler war Dieter bei mir und ich schickte ihn noch am gleichen Tag zu ihm hin, da mich eine unbestimmte Ahnung überfiel. Als Dieter an seinem Haus angekommen war, wurde ihm mitgeteilt, dass Dr. Kohler gerade verstorben sei. Dies geschah im Jahr 1979.

Dr. Kohler wollte nie ein Held sein. Dieses Das »Held« hat er immer wieder abgelehnt. Er sagte: »Ich tat im Krieg nur meine Pflicht als Arzt.« Dass man ihn, den Arzt von Stalingrad, als Helden bezeichnete, war ihm sehr unangenehm, da im Krieg viele Ärzte das Gleiche geleistet hatten wie er.

Besuch aus Cousco – Peru

In meiner Praxiszeit hielt ich mich in einem Kloster mit Schule auf, als mich eine Schwester ansprach. Sie sagte: »Gott sei Dank, Jupp, dass du gekommen bist. Es wird ein Priester aus Cousco in Peru erwartet, der starke Schmerzen hat und niemand findet die Ursache! Er hat schon sehr viele Ärzte und Naturheiler aufgesucht, ohne dass sie ihm helfen konnten. Würdest du bitte nur eine Diagnose stellen, um ihm sagen zu können, wo die Ursache seiner Schmerzen liegt?«

Eine halbe Stunde später kam der angekündigte Priester. Ich wurde ihm vorgestellt und wir begaben uns in ein Zimmer. Ich erklärte ihm, wie ich meine Diagnose stelle und wie ich therapiere. Er verstand dies, zudem sprach er ein gutes Deutsch. Ich stellte fest, wo seine Schmerzen herkamen, und behandelte die Ursache. Als ich mit meiner Arbeit fertig war, stand er da und die Tränen liefen ihm übers Gesicht. Als ich das sah, fragte ich ihn, ob ich ihm weh getan hätte. Doch er verneinte und sagte, er habe keine Schmerzen mehr! Ich erklärte ihm, dass die Schmerzen immer wiederkommen könnten, er aber nun die Ursache kenne und sich nach meinen Anleitungen helfen könne.

Vor Freude, dass er schmerzfrei war, drückte er mich herzlich und sagte, dass er den Kontakt mit mir aufrecht erhalten wolle. Ich schrieb dann noch ein Rezept und bat ihn um seine Adresse. Als ich die Adresse zu lesen bekam, sah ich, dass er eine sehr hoher Würdenträger der Kath. Kirche in Peru war. Der Kontakt besteht heute noch.

In Kärnten – Österreich

Es war 1994, als ich das erste Mal in Gschriet am Millstätter See in Kärnten war. Das Bürgermeisteramt befindet sich in Ferndorf, in der Nähe von Spittal.

Gschriet ist ein kleines Bergdorf, das lang hingezogen am Mirnock liegt. Hier wollte ich mit einem Bekannten radiästhetisch arbeiten. Bei einem Alleingang mit Rute und Pendel stellte ich zwei Kraftorte fest. Nach dieser radiästhetischen Arbeit begab ich mich wieder in den *Alpengasthof Possegger*, wo ich von den Besitzern Walter und Renate Peternell beherbergt und bewirtet wurde. An diesem Morgen saßen mehrere Experten der Kärntner Radiästhesie am Tisch und diskutierten über ihr Fachgebiet. Bei meinem Eintreffen erzählte ich, was ich entdeckt hatte, und hatte sofort das Interesse der radiästhetischen Kollegen gewonnen. Auch Bürgermeister Reinhold Hubmann aus Ferndorf, von Hause aus Diplom-Ingenieur, war anwesend.

Nun wurde ich natürlich auf die Probe gestellt, und zwar von einem Radiästhesisten aus Döbriach. Er gab mir ein leeres DIN-A4-Blatt und sagte dann zu mir: »Dies ist das Wohnzimmer des Bürgermeister Hubmann aus Ferndorf.« Der Bürgermeister saß direkt neben mir, und der Radiästhesist aus Döbriach stellte mir nun die Aufgabe, das Wohnzimmer des Bürgermeisters auszuwerten.

Hab eine möglichst unempfindliche Haut, aber behalte ein empfindsames Herz.
(Willy Brandt)

Diese Arbeit vollzieht sich nur im mentalen Bereich. Es war das erste Mal, dass ich mit diesen Radiästhesisten und dem Ferndorfer Bürgermeister zusammensaß, und sein Wohnzimmer kannte ich schon gar nicht. Um mir meine Arbeit zu erleichtern, nahm ich zunächst die Frequenz des Bürgermeisters auf und wertete dann das Wohnzimmer auf dem leeren weißen Blatt Papier radiästhetisch aus. Ich fand in der Mitte des Wohnzimmers eine Wasserader und in der rechten Ecke eine zweite, die sehr viel stärker war als die in der Mitte des Wohnzimmers. Ich blickte den Bürgermeister im gleichen Moment, als ich die Wasserader entdeckte, an; und als ich ihm sagte, dort sei eine Wasserader, hatte sich seine Gesichtsfarbe verändert. Erst recht, als ich ihm dann noch sagte, wenn er Blumen in der Ecke stehen hätte, würden diese sehr schnell verwelken!

Der Bürgermeister meinte: »Das stimmt mit den Blumen, aber warum bekomme ich, obwohl ich doch auch radiästhetisch begabt bin, die Wasserader in der Mitte des Zimmers nicht?«

Ich gab ihm zur Antwort: »Weil die Wasserader überlagert ist und nur mental lokalisiert werden kann!«

Nun war das Misstrauen mir gegenüber gebrochen.

Die Kraft-Orte, die ich entdeckt hatte, wurden nach meinen Angaben aufgebaut, und bis heute kommen die Menschen aus Österreich, der Schweiz und aus Deutschland, um sich dort energetisch aufzubauen. Kurz darauf wurde in der Nähe des Kraft-Ortes 2 der dritte Kraft-Ort entdeckt und mit großem Erfolg als Meditations-Ort aufgebaut.

Kurz darauf wurde eine Kneipp-Anlage gebaut, der zwei weitere folgten. Der Wasserverlauf wurde genau nach meinen Zeichnungen angelegt, sodass ein Wanderweg heute die drei Kneipp-Anlagen verbindet. Der so bescheiden wirkende Berg Mirnock kommt nun groß heraus, was für die Region Millstatt ein Segen ist. In Ferndorf-Gschriet und in Sankt Michael bei Salzburg habe ich Vorträge über Heilmagnetismus und Radiästhesie gehalten. In Rennweg, einem Ort am Katschberg, habe ich eine Familie kennengelernt, die eine Hütte auf dem Katschberg besitzt. Mit dem Besitzer der Hütte habe ich diesen Berg auf seinen Wassergehalt hin radiästhetisch untersucht.

Wenn du erfolgreich bist, gewinnst du falsche Freunde und echte Feinde – sei trotzdem erfolgreich!
(Mutter Teresa)

Sooft ich nach Kärnten kam, hieß es: »Der Jupp vom Berg ist wieder da!« Auch habe ich dort viele Jahre lang von morgens 9.00 bis abends 22.00 Uhr Patienten behandelt und den gesamten Erlös für krebskranke Kinder gespendet.

Prinz Emanuel von Lichtenstein

Es fand eine Fernsehaufnahme über mich in Rossegg am Wörthersee in der Nähe von Felden statt. In der Nähe von Felden liegt ein kleines Schloss, das früher von der Kaiserin Sissi des Öfteren während ihrer Reisen aufgesucht wurde. Dieses Schloss wird heute von Prinz Emanuel und seiner Familie bewohnt. In der Nähe dieses Anwesens befindet sich ein großes Wildgehege, das zum Schloss gehört, mit verschiedenen seltenen Tierarten, unter anderem Wildpferde.

Nach den Fernsehaufnahmen, die dort von Charlie König und seinem Mitarbeiter gemacht wurden, bekam König von Prinz Emanuel eine Einladung nach Wien, wo in der Hofburg feierlich der 100. Todestag von Kaiserin Sissi begangen wurde. Auch ich war eingeladen.

Hier lernte ich auch Prinz Stephan von Lichtenstein kennen sowie auch den Juwelier der sechsten Generation. Ich fuhr mit beiden mit dem Fiaker von der Hofburg zum Stephansdom. In einer Kutsche saß die modellierte Kaiserin mit Hofdame und zwei jungen Offizieren in der Uniform der damaligen Zeit.

Kaum war ich am Stephansdom aus dem Fiaker gestiegen, fand mit mir ein Radiointerview für den Zweiten Österreichischen Rundfunk statt. Von dort fuhren wir weiter ins Burgenland, einen sehr guten Bekannten von mir aufsuchen, ca. 3 km von der ungarischen Grenze entfernt. Weiter ging es von dort zum Sender »Uno« nach Klagenfurt, wo ich einen Vortrag über die Kraft-Orte abhielt. Dann fuhren wir nach Gschriet zum Bergfried, um uns dort noch einige Tage aufzuhalten.

Während der Zeit von 1994 bis Mai 2001 wurde ich sehr oft im Kärntner Land sozusagen herumgereicht, um bei Mensch und Tier heilmagnetisch zu helfen, was mir auch zum größten Teil gelang. Ich möchte hier zum Schluss nur ein Beispiel herausgreifen.

Ein Patient in der Nähe von Kleinkirchheim, einem kleinen Bergdorf im Kärntner Land, wurde operiert, eine Rückenmarkstransplantation wurde durchgeführt. Kennen lernte ich ihn vor der Transplantation und behandelte ihn als Patient immer dann, wenn ich mich in Kärnten aufhielt. Nach der Transplantation, die in einem Krankenhaus in Wien stattfand, musste er noch einige Zeit dort verbringen. Ich telefonierte von meinem Heimatort im Saarland aus bis zu dreimal täglich mit ihm und behandelte ihn so aus der Ferne. Bei seiner Entlassung meinte der Chefarzt erstaunt: »Haben Sie sonst noch etwas außer unserer Therapie gemacht?« Der Patient antwortete ihm: »Das, was außer Ihrer Therapie gemacht wurde, bleibt mein Geheimnis!«

Anfrage aus Travemünde

1994 erhielt ich einen Brief aus Travemünde an der Ostsee vom Leiter des Vereins »Phänomen Heilung« mit der Anfrage, ob ich einen Vortrag über Heilmagnetismus und Radiästhesie halten würde. Ich sagte zu.

Die Vorträge wurden auf dem stillgelegten Segelschiff *Passat* abgehalten. Weiter ging es zum Kurhaus-Hotel Travemünde, wo ebenfalls Seminare stattfanden und Vorträge abgehalten wurden. Später wurden dann die Vorträge und Seminare im Haus Royal Travemünde abgehalten.

Der Tod ordnet die Welt neu. Scheinbar hat sich nichts verändert, und doch ist alles anders geworden.
(Antoine de Saint-Exupéry)

In den Jahren meiner Vortrags- und Seminartätigkeit, immer eine Woche pro Jahr, war ich bekannt als *Jupp*. Wenn jemand gesundheitliche Schwierigkeiten hatte, rief man nach Jupp. Es gab Anerkennung – aber leider auch Neid. Ich war mehrmals im Forum, um Fragen aus dem Publikum zu beantworten.

Ich glaube, es war im Jahre 1999, bei meinem letzten Aufenthalt in Travemünde, als ich mit meiner Frau spazieren ging und eine junge Frau aus Rostock uns entgegenkam. Sie fragte mich, ob sie mir einige Fragen stellen dürfte. Meine Antwort lautete: »Selbstverständlich können Sie mich fragen, doch ob ich Ihre Fragen auch hinreichend beantworten kann, werden wir dann sehen.« Wir standen an der Straße, und die junge Frau stellte ihre Fragen, die ich geduldig beantwortete. Nach einer halben Stunde meinte sie: »In dieser Stunde habe ich mehr gelernt als in den gesamten Seminartagen!«

Baden-Baden und weitere Vortrags-Stationen

In Baden-Baden hielt ich einen Vortrag über Heilmagnetismus, der sehr gut beim Publikum ankam. Die Seminarleiterin war die Heilpraktikerin Gaby Verhoeven, die als Leiterin auf mich einen sehr guten Eindruck machte und auch beim Publikum mit ihrer Kompetenz einen nachhaltigen Eindruck hinterließ. Zum gleichen Thema – *Heilmagnetismus / Radiästhetische Diagnose* – hielt ich in München in der Josef-Angerer-Schule erfolgreich einen weiteren Vortrag.

In Pfaffenhofen bei München hielt ich ein von Fernsehaufnahmen begleitetes Seminar über die praktische Ausübung von Heilmagnetismus und radiästhetischen Untersuchungen ab. In der Nähe von Nürnberg (Neuendettelsau) wurde ich von Seminarleiterin Gerda Dürr eingeladen. Hier hielt ich einen Vortrag mit praktischer Ausübung über Strahlen, die noch nicht wissenschaftlich bewiesen sind, aber mit Rute und Pendel radiästhetisch festgestellt werden können. Es wurden von mir verschiedene Energiefelder im Plus- und Minusbereich dargestellt, die von anwesenden Radiästheten im Publikum radiästhetisch bewiesen wurden.

In Saarbrücken hielt ich vor Heilpraktikern einen Vortrag über Heilmagnetismus, der heftige Diskussionen auslöste. Aber ich blieb ihnen keine Antwort schuldig!

Der Tod in der Familie Georg

Das Leben ist ein ständiges Abschiednehmen. Immer wieder wird der schmerzhafte und nicht leichte Prozess des Loslassens gefordert. Es ist schwer, über den Tod zu reden, denn er bedeutet Abschied, Schmerz und Verlust, dabei gehört er zum Leben wie die Geburt. Wir kommen auf diese Welt, um auch wieder von ihr zu gehen, gemäß dem Kreislauf der Natur.

Wie ich bereits im ersten Teil meines Buches sagte, reichen meine Erinnerungen bis zum 2. Dezember 1937 zurück. Es war der Tag, als mein Großvater tot im Bett lag, und dies hat sich mir so eingeprägt, dass ich dieses Bild immer wieder vor mir sehe, als ob es gestern geschehen wäre, und doch empfand ich bei dieser Begegnung mit dem Tod keine Angst. Es war die erste Begegnung mit dem Tod in meiner Familie.

1942 dann der nächste Sterbefall, der meine Tante Anna betraf. Sie verstarb in Saarlouis im Elisabeth-Krankenhaus bei einer Gallenblasenoperation während eines Fliegerangriffes. Der Sarg mit der Leiche meiner Tante Anna wurde bei Nacht und Nebel vom Bauern Jakob Herrmann mit dem Pferdefuhrwerk nach Hause gebracht. Damals wurden die toten Familienangehörigen noch drei Tage zu Hause aufgebahrt.

1944 starb mein an Diphtherie erkrankter Freund und Kamerad Leo Kallenborn. Bereits in den frühen Morgenstunden um 3.30 Uhr wurde Leos Sarg in einem Handwagen, der von seinem Großvater Johann Mehrfeld gezogen wurde, zum Lebacher Friedhof gebracht. Wegen der vielen Flieger hatte man Angst, Leo am Tage zu beerdigen. Leo und ich waren ein Herz und eine Seele. Er war zwei Jahre jünger als ich; als er starb, war er ungefähr 8 Jahre alt. Er gehörte in unsere Familie!

1948, am 10. Januar nachts um 1.30 Uhr, verstarb meine Großmutter, mit der ich sehr verbunden war. Sie war es, die mir in der harten Zeit 1945 immer ein Stück Brot gab, denn ich hatte ständig Hunger. Meine Tante Maria (*Eia* genannt), sie war ledig und lebte mit meiner Großmutter zusammen, jagte mich immer fort, wenn mich der Hunger trieb und ich bettelte. Meine Oma sagte dann: »Maria, gib dem Jungen ein Stück Brot«, was sie dann mit Widerwillen tat, aber ich bekam es. Meine Tante Maria und ich, wir trugen kein Wasser an einer Stange, wie man bei uns sagt, wenn zwei nicht miteinander auskommen.

Tante Lena, Onkel Jakob und Onkel Jupp verstarben in den 60er Jahren, an die genaue Jahreszahlen kann ich mich nicht mehr so genau erinnern. Meine Mutter sprach immer negativ über diese drei. Am meisten wurde von Tante Lena und Onkel Jakob im negativen Sinne geredet, Onkel Jupp dagegen blieb im Großen und Ganzen davon verschont. Sehr selten waren diese drei in ihr Elternhaus gekommen, um ihre Mutter zu besuchen. Nach ihrem Tod 1948, war kein Besuch mehr von ihnen zu erwarten.

1975 verstarb meine bereits 80-jährige Tante Eia. Ich war sehr oft bei ihr, sie hatte das verbriefte Wohnrecht in ihrem Elternhaus, welches auch mein Elternhaus war. Sie verstarb an Kehlkopfkrebs im Krankenhaus in Illingen. Ich besuchte sie oft im Illinger Krankenhaus und verbrachte sehr viel Zeit an ihrem Bett. Bei einem meiner Besuche hatte ich ein besonderes Erlebnis. Es war kurz vor ihrem Tod, als sich Folgendes zutrug: Es war nachts um 2.00 Uhr, als sie ein Butterbrot verlangte. Dazu muss ich bemerken, dass sie infolge ihrer Krankheit nicht mehr schlucken konnte. Eine Nachtschwester meinte, man könne ihr doch in diesem Zustand nichts mehr zu essen geben, doch die andere Nachtschwester, ihr Name war Käthe Groß aus Lebach, bereitete der Tante ein Butterbrot, klein geschnitten, das ich ihr dann zum Essen reichte. Und jedes Stück Brot, das ich ihr zum Essen gab, kaute und schluckte sie, als ob sie ganz gesund wäre! Nach dem Verzehr des Brotes säuberte ich den Mund, und sie drehte ihren Kopf zu mir und lächelte. Kurz darauf schaute sie mich noch einmal an und starb – ohne Todeskampf. Ich drückte meiner verstorbenen Tante die Augen zu.

Nach drei Tagen Aufbahrung war die Beerdigung, die ich organisierte und ganz nach ihrem Willen ausführte.

1982 verstarb ganz plötzlich unser Vater Peter Georg. Noch 14 Tage zuvor war er einer Einladung folgend bei einer Jubiläumsfeierlichkeit des Lebacher Gesangsvereins als Gründungsmitglied des Vereins anwesend gewesen.

Am Tag danach, es war ein Sonntag, ging ich morgens zu meinen Eltern. Die Mutter sagte mir gleich beim Öffnen der Haustür, dass etwas passiert sei. Sie meinte: »Der Vater hört nicht mehr!« Ich ging sofort nach oben und grüßte meinen Vater, doch er reagierte nicht auf meinen Gruß. Da wusste ich mit Sicherheit, dass er nichts mehr hörte. Ich sah ihm ins Gesicht und fragte: »Papa, was ist los?« Er meinte nur: »Diese Lümmel haben mir sehr weh getan durch ihre Missachtung.« Er spielte auf einen Vorfall im Gesangsverein an, wo man bei den Jubiläumsfeierlichkeiten vergessen hatte, ihn als Gründungsmitglied zu ehren; man hatte ihn nicht einmal erwähnt. Zur Mutter sagte ich: »Das verkraftet Papa nicht, davon geht er zugrunde.«

Kurz darauf starb er. Es war abends gegen 23.00 Uhr. Ich wurde von meinem Schwager und seiner Frau Therese gerufen. Vater lag noch im Bett, der Sarg stand schon im Flur. Zusammen mit meinem Bruder Rudolf trugen wir unseren Vater in ein Leinentuch eingewickelt nach unten und legten ihn in den Sarg.

Nachtragen muss ich noch, dass am Abend nach der Jubiläumsfeierlichkeit, bei der man meinen Vater einfach ignorierte, noch ein Sangesbruder zu ihm sagte: »Wenn du Geburtstag hast, das wird gut gefeiert«, was auf ihn wie ein Hohn wirken musste. Auch rief ich an diesem besagten Sonntag nach der Feierlichkeit, die meinem Vater einen gewaltigen Stoß versetzt hatte, den 1. Vorsitzenden des Vereins an, sprach ihn auf den Vorfall an, worauf der sich entschuldigte. Doch Vater nahm seine Entschuldigung nicht an, als ich ihm davon berichtete.

Der Beerdigungstag war ein Montagnachmittag, die Beerdigungsmesse wurde wegen Renovierung der Kirche in der Stadthalle abgehalten. Die Halle war proppenvoll, auch auf dem Friedhof waren sehr viele Menschen zu sehen, die der Messe wegen Platzmangels nicht beiwohnen konnten. Zu den Sangesbrüdern sagte ich: »Wenn ihr einen Ton singt, gibt es keine Beerdigung, sondern Rambazamba.« Der Gesangsverein hielt sich daran; sie sangen nicht!

1994 verstarb Wolfgang, mein ältester Bruder, der seit einer Gehirnoperation (Tumor) jahrelang gelähmt war. Wolfgang wurde von mir versorgt. Er verstarb im Krankenhaus zu Lebach nachmittags um 13.00 Uhr. Ich saß an seinem Sterbebett und drückte ihm nach seinem Tod die Augen zu.

2001 verstarb meine Mutter, ebenfalls im Krankenhaus zu Lebach. Auch sie hatte ich, wie meinen Bruder, liebevoll versorgt. An diesem Tag wurde mir von der Fußballjugend aus Steinberg-Deckenhard ein Scheck über 500 DM überreicht, der für die Kinder-Herz-Klinik in St. Augustin bestimmt war.

Um 20.40 Uhr kam ein Anruf von unserer Tochter Maria. Sie sagte: »Papa, komm schnell nach Lebach ins Krankenhaus, Oma geht es nicht gut!« Um 21.20 Uhr waren meine Frau Annemarie und ich im Krankenhaus bei der Mutter. Die anwesende Schwester Agnes sagte zu meiner Mutter: »Oma Käthe, der Jupp ist da.« Mutter setzte sich auf, streckte die Arme aus und rief »Gott sei Dank, Jupp, dass du da bist.« Sie legte sich wieder hin, ich hielt sie am Arm und streichelte sie, meine Frau Annemarie hielt ihren anderen Arm. Genau um 21.30 Uhr schlief Mama ein und ich drückte ihr die Augen zu.

In diesem Augenblick wurde mir bewusst, dass Mama nur noch auf mich gewartet hatte.

Josef Georg als Straßenbauer und als Autor

Mein Lehrer in der Volksschule, Herr Senzig, hatte schon damals gewusst, dass in mir verschiedene Talente schlummerten – weshalb er mir das gute Entlassungszeugnis schrieb, über das ich damals so erstaunt war.

Bei allen Arbeiten, die ich ausführte, war ich immer mit vollem Einsatz dabei, und ich übte sie gerne aus. Zunächst lernte ich Pflasterer, wurde Straßenwärter, ging dann in die Privatwirtschaft, wo ich Vorarbeiter, Hilfsschachtmeister, Schachtmeister, Oberschachtmeister und schließlich Bauführer wurde.

Auf der Höhe meiner Bautätigkeit ging ich als Schüler in die Krankenpflege, absolvierte später die Heilpraktikerprüfung bei der ich zweimal durchfiel. Ich hatte im Baubereich fast sämtliche Ausführungen ausgeübt: Straßenbau, Wasserbau, Erdbau, Schwarzdeckenbau, Betonstraßenbau, Gleisbau, Kanalbau; ich baute außerdem Sportplätze, Parkplätze und Höfe.

Ich war ein Autodidakt, habe mir so ziemlich alles selbst beigebracht und mich sozusagen auf diese Art auf dem Bau hochgearbeitet, ob es Vermessung, Planlesen, Organisation, Menschenführung, Verhandlungen und dergleichen mehr waren. Ich habe die Materie von der untersten Stufe auf gelernt. Ich versuchte meinen Untergebenen Kamerad zu sein, was manchmal sehr schwer war, aber ich wurde von ihnen respektiert und angenommen, zumal ich die Baustelle zum großen Teil wie eine Familie führte. Die Arbeiten die mir aufgetragen wurden, wurden prompt erledigt, und das zur Zufriedenheit des Auftragsnehmers und des Auftraggebers! Sehr schnell war ich auf den Ämtern bekannt.

Meine publizistische Tätigkeit begann Anfang der 80er Jahre.

Heilmagnetismus

1983 schrieb ich mein erstes Buch über Heilmagnetismus. Dabei hatte ich eine unschätzbare Hilfe in einer Schwester und ihrem Konrektorenteam. Sie stellten Fragen und ich musste sie beantworten, sodass ich ein Gespür dafür bekam, wie man ein Thema allgemeinverständlich vermitteln kann. Die Schwester, Direktorin einer großen Schule, lektorierte das Buch. Gedruckt wurde es unter dem Titel »Heilmagnetismus« in der Ottweiler Druckerei und erschien im Selbstverlag. Den Grundstock meiner Autoren- und Vortragstätigkeit verdanke ich also der Direktorin und ihren beiden Konrektoren. Es entstand eine Freundschaft, die heute noch besteht.

Heilmagnetismus als alternative Heilmethode ist eine Behandlung, bei der vom Magnetiseur Lebenskraft in den Körper des Patienten übertragen wird. Ziel dieser Behandlung ist es, das Nervensystem des Menschen in Harmonie zu bringen, um ihn dadurch von Schmerz und Krankheit zu befreien. Im Mittelpunkt der Behandlung steht dabei immer der ganze Mensch, nicht nur der Patient als »Träger einer Krankheit«. Das Buch richtet sich sowohl an Leser, die sich mit dem Heilmagnetismus auf eine erste Weise vertraut machen wollen, als auch an solche, die bereits über Grundkenntnisse in diesem Bereich verfügen und ihr Wissen vertiefen möchten. Ich zeige in diesem Buch auch, dass erfolgreich praktizierter Heilmagnetismus nichts mit »Wunderheilung« zu tun hat, sondern auf der Basis von naturhaften Gesetzmäßigkeiten und Erkenntnissen beruht, die zum Teil bereits in der Antike bekannt waren.

Das Gebet

Als Nächstes schrieb ich die Broschüre »Das Gebet«. Da ich in meinem Leben viel gebetet und meditiert habe, wollte ich mein persönliches Gebetssystem vorstellen und erläutern. Diese Broschüre kam in den mir bekannten Nonnenklöstern, denen ich eine ausreichende Anzahl von Exemplaren zum Geschenk machte, sehr gut an. Die Einnahmen der verkauften Exemplare gingen an Not leidende Menschen.

Ein Gebet ist ungleich mehr als eine monotone Abfolge von vorgeschriebenen Worten. Beten ist ein persönliches Sprechen zu Gott. In Verbindung mit der Meditation – das Hören auf Gott – wird das Gebet zu einem lebendigen Gespräch mit unserem Schöpfer. In diesem Büchlein über das Gebet zeige ich: Wer wahrhaft zu beten versteht, wird die kosmische Energie, die es freisetzt, als heilende Kraft für sich selbst und für andere in Anspruch nehmen können.

Glaube an Gott wie ein Blinder, der an die Sonne glaubt, nicht, weil er sie nicht sieht, sondern weil er sie fühlt.
(Unbekannt)

Die Broschüre wurde von meinem Freund Rainer Jost aus Lebach neu geschrieben und trifft in dieser Neufassung ebenfalls auf großes Interesse.

Das Geheimnis des Mirnocks

Es folgte die Broschüre »Das Geheimnis des Mirnocks«, eine Schrift über meine radiästhetische Arbeit im Bergdorf Gschriet in Kärnten/Österreich. Hier entdeckte ich die übrigens mittlerweile sehr bekannten Kraftorte und versuchte eine Energieübertragung durch den Spiegelreflex und einen Prismeneffekt durch eine Pyramide herzustellen, was mir nach mehrtägiger Forschungsarbeit zu Hause in Eppelborn-Bubach auch gelang.

Das letzte Haus des Berges Mirnock ist die Gaststätte Peternell, der *Alpengasthof Possegger* mit Fremdenzimmern und einem dazugehörenden Bauernhof. Bevor die Kraftorte von mir entdeckt wurden, war der Besucherstrom sehr spärlich, doch nach Entdeckung und Bekanntwerdung der Kraft-Orte hat sich der Besucherstrom verstärkt.

Im Jahr 2002 im April haben elf Mönche aus dem Himalaja mit ihrem Abt dem Kraft-Ort einen Besuch abgestattet, und an Kraft-Ort 2 wurde vom Abt eine Andacht gehalten.

Der gesamte Mirnock hat eine sehr positive Energie, die sich auf Mensch, Tier und Pflanze auswirkt. Wenn der Besuchertrend so weitergeht, liegt die Zukunft auf dem Mirnock! Dazu eine kurze Erklärung. Der Mirnock ist 2140 Meter hoch und hat mehrere Ausläufer. Unmittelbar am Fuße des Berges liegt u. a. Döbriach in Richtung Millstätter See. Bei klarem Wetter ist vom Berg Mirnock der Großglockner zu sehen. Der Mirnock ist ein herrlicher Berg, in seiner Art eher bescheiden, doch voller Energie.

Feng Shui und Radiästhesie

»Feng Shui und Radiästhesie« war mein nächstes Buch. In diesem Buch versuche ich zwei Energieformen, die polar zueinander stehen, zu deuten und zu erläutern. Wer radiästhetisch veranlagt ist, hat im Feng-Shui-Bereich keine Schwierigkeiten im Feststellen der harmonischen Energie, die der Mensch, das Tier und die Pflanze zum Leben braucht. Man sollte bedenken, dass die negative Energie im selben Maße gebraucht wird wie die positive. Hier muss die polare Energie + (plus) und - (minus) stimmen, das ist Harmonie! Man legt zu wenig Wert auf die Polarisation der Energieformen. Mit dieser Energieform befasse ich mich schon seit Anfang der 80er Jahre, d. h. mit der Energie in der Zelle.

Feng Shui ist vielen bereits ein Begriff – eine asiatische Technik, die Vollendung daraufhin anstrebt, dass alle Dinge in Harmonie mit ihrer Umgebung sind. Die Anwendung reicht von der Städteplanung bis zum Einstellen einer einzelnen Blume in eine Vase, von der Errichtung hoher Geschäftshäuser bis zur Innenausstattung einer bescheidenen Atelierwohnung. Im Gegensatz zu den abendländischen Völkern sind die Chinesen sehr oft in der Lage, vernünftige Gründe anzugeben, warum ein bestimmtes Fleckchen Erde einen friedlichen oder einen unbehaglichen Eindruck macht. Wenn das

Innere gefällig ist, wird die Ruhe gefördert, und es versteht sich von selbst, dass dies zu größerer Selbstsicherheit und zu Erfolg führt.

In diesem Buch versuche ich eine Brücke zu schlagen zwischen den beiden Wissenschaften, dem Feng Shui auf der einen und der Radiästhesie auf der anderen Seite. Sie sind keine gegensätzlichen Lehren, wie vielfach angenommen wird, sondern »Zwillinge« aus dem Bereich des Unsichtbaren, die zum Wohle des Menschen zusammenarbeiten und sich ideal ergänzen können.

Die historische Wünschelrute

In diesem Buch gebe ich einen Überblick über die historische Entwicklung der Wünschelrute, die ihren Ursprung bereits 13.500 v. Chr. in Südafrika hat. Heute nimmt die Zahl der Radiästhesisten, die sich der vielfältigen gesundheitsfördernden und dem Umweltschutz dienenden Möglichkeiten von Rute und Pendel be-dienen, beständig zu. Doch trotz des unleugbaren Nutzens der Radiästhesie und der allmählichen Öffnung der Schulmedizin für alternative Diagnostik und Heilmethoden bestehen immer noch starke Vorbehalte gegen diese sich dem feinstofflichen Bereich widmende »Grenzwissenschaft«. Häufig geschieht dies nur aus einem Mangel an Kenntnissen. Daher gebe ich in diesem Buch noch einmal einen detaillierten Einblick in die komplexen Zusammenhänge.

Heilmagnetismus – elektromagnetische Energie für den Menschen

Diese Publikation ist kein Lehrbuch wie das erste, das im Jahr 1983 erschien, sondern befasst sich mit heilmagnetischer Forschung. Die heilmagnetische Energie kann man mit den herkömmlichen wissenschaftlichen Methoden noch nicht beweisen, weswegen sie – zu Unrecht – häufig in den Bereich des Okkultismus verwiesen wird.

Eine heilmagnetische Energieübertragung erfolgt physikalisch durch Händeauflegen und mental als Fernbehandlung oder Geistheilung. Dazu möchte ich ein paar Beispiele anführen.

Eine ältere Frau aus den Nähe von Saarbrücken kam und sagte, sie hätte einen Gallenstein. Sie hatte von meinen Erfolgen bei der Auflösung von Gallensteinen gehört und hoffte, dass ich ihr helfen könne. Ich untersuchte die Frau radiästhetisch und stellte fest, dass sich ihr Stein nicht auflösen ließ. Als ich ihr das mitteilte, bekam die Patientin große Angst, da sie sich vor dem Krankenhaus und einer Operation fürchtete. Sie ließ nicht locker, und so musste ich sie notgedrungen heilmagnetisch behandeln, um ihr und mir Ruhe zu verschaffen.

Nach einer Woche kam die Frau wieder, hatte einen Stein in der Hand und erzählte von ihrem Gang auf die Toilette. Sie hatte das Geräusch eines hart fallenden Gegenstandes in die Toilettenschüssel gehört, den Stein aus der Schüssel genommen und ihn gesäubert; da sei er nun. Der würfelförmige Stein hatte einen Durchmesser von zwei Zentimetern. Ich untersuchte die Frau noch einmal auf den Gallenstein – und fand ihn nicht mehr!

Ich sagte zu ihr: »Dieser Stein, der sich zwischen meinen Fingern befindet, ist ein Mineralstein – es ist Ihr Gallenstein. Sie brauchen zu keiner weiteren Behandlung mehr zu kommen.«

Mit diesem Gallenstein ging ich zu einem befreundeten Arzt, der sofort sagte: »Das ist ein Gallenstein, wo hast du denn den her?« Ich erzählte dem Arzt den Werdegang, darauf schüttelte er den Kopf und sagte: »Die Galle ist geplatzt und der Dickdarm hat ein Loch.« Ich entgegnete: »Wenn du weiterredest, schalte wenigstens dein Gehirn ein«, worauf wir beide lachten. Es wurde nicht mehr darüber gesprochen.

Was war passiert? Durch meine Behandlung hatte sich der Mineral-Gallenstein in der Galle dematerialisiert, d. h. in seine feinstoffliche Substanz aufgelöst, und beim Austritt wieder materialisiert.

Meine Stärken im Energiebereich liegen hauptsächlich bei Nieren- und Gallenkoliken. In diesem Bereich habe ich sehr große Erfolge zu verzeichnen. Den Gallenstein der oben erwähnten Patientin besitze ich noch heute. Ich gebrauche ihn für meine Untersuchungen auf Fett- oder Mineralsteine.

Radiästhesie mit Rute und Pendel

Mit Rute und Pendel stelle ich nicht nur eine medizinische Diagnose. Man kann mit diesen Geräten auch eine Energieübertragung vollziehen. In der Radiästhesie befinden sich 11 Aspekte, meine Stärke liegt im 7. (medizinischen) und im 10. (kosmischen) Bereich. Mit dem 11. Aspekt – Archäologie – befasse ich mich nicht. In diesem 11. Aspekt besitze ich die Fähigkeit nicht, radiästhetisch zu arbeiten. In den anderen 8 Aspekten bin ich mehr oder weniger stark in der Radiästhesie.

Die beiden Bücher »Heilmagnetismus – elektromagnetische Kraft für den Menschen« und »Radiästhesie mit Rute und Pendel« sind im Grunde genommen keine Lehrbücher für Anfänger; für das Einlesen in diese Bereiche gibt es auf dem Markt eine große Zahl verständlicherer Werke.

Der Straßenwärter früher und heute

In Erinnerung an meine Zeit als Pflasterer in Lebach und als Straßenwärter beim Staatlichen Straßenbauamt Saar schildere ich in diesem Buch die Entwicklung des Straßenwärter-Berufs innerhalb eines Zeitraums von rund 50 Jahren. Der Straßenwärter von damals übte seine Arbeit noch im wahrsten Sinne des Wortes als Hand-Werk aus, während dem Straßenwart von heute viele Tätigkeitsbereiche durch den Einsatz modernster technischer Hilfsmittel erleichtert oder gar abgenommen werden. Diese Entwicklung konnte ich bis Mitte der 70er Jahre miterleben. In diesem Büchlein gebe ich auch die eine oder andere Anekdote aus einer Zeit zum Besten, in der man den

Straßenwärter noch als ›die Seele der ihm anvertrauten Strecke‹ sah und der einfach nicht wegzudenken war.

Radiästhetische Impressionen

Meine anschließende Buchveröffentlichung mit dem Titel »Radiästhetische Impressionen« ist ebenfalls kein Lehrbuch für Anfänger, doch für radiästhetische Forscher sehr interessant. Nur leider wurden dieses Buch – wie auch einige andere Bücher von mir – in einer Zeit geschrieben, in der es von vielen noch nicht verstanden wird, da es sich mit dem mentalen Bereich befasst, zu dem die meisten Menschen bis heute noch keinen Zugang haben. Teils will man die Radiästhesie wohl auch nicht verstehen, da der Mensch der Jetztzeit zu sehr im materiellen Denken verhaftet ist. In der Radiästhesie beschäftigt man sich hauptsächlich mit dem physikalischen und mentalen Bereich, der seelische Bereich wird total ausgeklammert.

Bei der radiästhetischen Arbeit kommt es sehr oft vor, dass man den physikalischen mit dem mentalen Bereich und auch in umgekehrter Weise koppelt, um zu einem richtigen Ergebnis zu kommen.

Dazu folgende Geschichte. In einem Eppelborner Hotel saßen zwei Bankdirektoren, der Hoteleigentümer und ein Rechtsanwalt. Durch Zufall kam ich in das Hotel und wurde von ihnen eingeladen. Wir kamen auf meine radiästhetische Arbeit zu sprechen und die vier sagten: »Wir verstehen nicht, was du machst.« Darauf sagte ich zu ihnen: »Ich habe euch meine Arbeit schon des Öfteren erklärt und wurde nicht verstanden.«

Ich machte ihnen daraus jedoch keinen Vorwurf, denn die Radiästhesie ist eine sehr alte Wissenschaft und ihre 11 Aspekte sind in einem Leben nicht zu begreifen und zu verstehen. Ich arbeite seit fast 40 Jahren fast jeden Tag radiästhetisch und bin immer noch am Lernen!

Big Eppel

»Big Eppel« lautete der Titel der nächsten Broschüre. Bei der Festlegung eines Lehrpfades am alten Kulturhaus in Eppelborn/Saar in direkter Nähe der Schwalbenhalle wurde ein Kraft-Ort von 1 Durchmesser festgestellt. Es entstand ein Lehrpfad für Anfänger der Radiästhesie (= Strahlenfühligkeit), ein Lehrpfad, der mit Rute und Pendel zu begehen ist. Mit Rute und Pendel wurden auf einer relativ kleinen Fläche entdeckt: eine Wasserader, eine Verwerfung, Gebirgsbrüche, Global- und Currynetz und ein Fluchtstollen des früheren Wasserschlosses.

Die Broschüre »Big-Eppel« ist nach dem Abriss des Kulturhauses und der Schwalbenhalle entstanden. Hier entstand der Neubau, *Big Eppel* genannt, mit großem Parkplatz, dadurch wurde auch der bestehende Lehrpfad für die Anfänger der Radiästheten in Anspruch genommen, um einen Parkplatz anzulegen. Die Strahlung besteht immer noch unverändert in derselben Stärke, wie sie noch von den radiästhetischen Anfängern auf dem Lehrpfad zu Übungszwecken genutzt wurde.

Der Kraft-Ort von 1 m Durchmesser liegt genau am Rande des Parkplatzes und wäre zum Nutzen für die Allgemeinheit auszubauen. Vielleicht später? Mein Vorschlag wäre, das gesamte Bauwerk Big Eppel durch einen Spiegelreflex zu energetisieren. Aber unsere Gemeindeobrigkeit lehnt dies noch ab – allerdings mit einer Überraschung für mich: Ich wurde dieses Mal nicht angegriffen. Ausführlich werden die Energieverhältnisse in der Broschüre »Big-Eppel« dargestellt.

Kornkreise

Anschließend folgte meine Broschüre über »Kornkreise«. Kornkreise als Zeichen für die Menschheit sind nichts Neues. Sie wurden vor vielen Jahren schon vereinzelt festgestellt und in dem Zeitenwechsel ‚in dem wir uns befinden, verstärken sie sich in ihrer Zahl und in der Verschiedenheit ihrer geometrischen Figuren, die sich vor allem künstlerisch hervortun und in einem sehr kurzen Zeitabschnitt durch nicht erdgebundene Wesen, die aber freundlich zu der Erde stehen, den Menschen ein Zeichen und positive Hilfestellung geben. Die Aufschlüsselung dieser Zeichen ist den Menschen vorbehalten. Wie heißt es doch: »Gott gibt uns die Nuss, aber knacken müssen wir sie selbst.«

Musik

Da ich auch ein Talent für Musik besitze, fiel es mir im Grunde genommen nicht so schwer, das Schlagzeug in seinen vielen Systemen zu erlernen. 1952 bis 1956 war ich Schlagzeuger an der Großtrommel im Spielmannszug Lebach/Saar, der dem Turnverein Lebach unterstellt war.

Von 1956 – 1957 war für mich Ruhepause, doch 1957 schleppte mich mein damaliger Nachbar Fritz Groß in den Instrumentalverein im Nachbarort Eppelborn. In kurzer Zeit lernte ich das Konzertschlagzeug mit Becken, Trommel und Becken solo, Pauken, kleine Trommel, Glockenspiel und Lyra, Tamburin, Schellen, Röhrenglocken mit Gong-Triangel – also so ziemlich alles, was zum Schlagwerk gehört. Danach kam das kombinierte Schlagzeug und zum Schluss die Tuba. Ich war bei den Nachbarvereinen sehr gefragt und habe dort sehr oft ausgeholfen.

Ich möchte hier nur eine Fahrt erwähnen. Mit dem Musikverein Hüttigweiler ging es nach Frankreich, die Stadt hieß Chambaraine. Hier wurde an einem Samstagabend vom Hüttigweiler Musikverein ein Konzert veranstaltet, mit sehr großem Erfolg. Gute Musiker vom Hüttigweiler Musikverein waren Sahner mit seinem Sohn Wolfgang, der die große Trommel bediente, während ich für die Becken zuständig war. Da ich die Becken wie die Schlagzeuger aus Tirol bediente, war dies für das Publikum eine Augenweide. Nach dem Einführungsmarsch machte das gesamte Publikum meine Beckenführung mit beiden Händen nach. Nach dem Konzert und während des gesamten dortigen Aufenthaltes war ich für sie *Monsieur Bum Bum trai bon bum bum*. Wenn wir in der Stadt waren, wurde ›Bum Bum!‹ gerufen!

Während dieser Zeit herrschte eine sehr gute Kameradschaft im Musikverein Hüttigweiler, aber durch meinen Beruf als Schachtmeister im Straßenbau musste ich zeitweise das Schlagzeug sozusagen an den Nagel hängen, was mir nicht nur Freunde brachte! Als Ausgleich für mein Fernbleiben war ich zuständig für den Notenkauf für das Frühjahr- und Weihnachtskonzert, für das leibliche Wohl der Generalversammlung und anderes mehr.

Später war ich Schlagzeuger bei der *El Campillo,* einer Kapelle, die 1948 gegründet wurde. Der Kopf dieser Kapelle, die immer noch besteht, war Helmut Lauer. Helmut Lauer war und ist heute noch ein Vollblutmusiker. Wir gründeten in der Mitte der 90er Jahre die Kapelle *Jupps fidele Musikanten* und hatten mit ihr sehr großen Erfolg. Am Anfang unseres Bestehens wurde mir von meinem Freund Werner Morscher, Komponist und Musiker aus Hall bei Innsbruck/Tirol, ein Marsch gewidmet. Der eigens für mich komponierte Titel hieß »Jupps fidele Musikanten, komponiert von Werner Morscher.

Leider bekam ich eine Ischialgie, die mir im rechten Bein so schwere Probleme machte, dass ich mit dieser Art von Musik aufhören musste, da ich bei Belastung keine Kontrolle mehr über das Schlagbein hatte.

Sport

In meiner Jugend habe ich sehr viel Sport getrieben. Wie schon erwähnt, war Boxen mein Lieblingssport. Hans Graf, ein Schulkamerad von mir, und ich wurden von Fritz Staub und Ernst Petry trainiert, mussten aber nach einiger Zeit des Berufes wegen aufgeben. Aber dieses Boxtraining war für mich eine große und wertvolle Hilfe für die Zukunft. Das Training fand in Lebach bei Edmund Schäfer statt, der in Saarbrücken bei Saar 05 geboxt hatte.

Fußball war meine zweite sportliche Leidenschaft. In der zweiten Mannschaft war ich ein Könner, in der ersten Mannschaft dagegen lag ich mit meinen Leistungen unter dem Durchschnitt, sodass ich nur in Notfällen eingesetzt wurde. Die Kameradschaft in der zweiten Mannschaft war viel besser als die in der ersten Mannschaft, dementsprechend war auch meine Leistung beim Spielen!

Auch war ich eine richtige Wasserratte. Im Alter von 6 Jahren lernte ich schwimmen und hatte auch in den nächsten Jahren viel Spaß daran. Das Lernen bei Lehrer Gutsmann für die SLRG, die Saarländische Lebensrettungsgesellschaft, war in den 50er Jahren eine sehr harte Schule, aber er brachte uns sehr viel bei.

Kirche

Ich bin römisch-katholisch getauft und werde auch keinen Wechsel vornehmen. Ich dachte immer, ein Priester sei ein außergewöhnlicher Mensch, bis ich 1945 eines Besseren belehrt wurde. Schon als junger Mensch musste ich sehr schnell das Umdenken lernen: Ich musste erkennen, dass ein Priester auch nur ein Mensch mit guten und schlechten Eigenschaften ist.

Worte, die nicht das Licht Christi bringen, vergrößern nur die Dunkelheit.
(Mutter Teresa)

Ich war von 1945 an ein Kirchgänger mit gemischten Gefühlen gegenüber der Obrigkeit und ihren Regeln. Ich scherte die Priester aufgrund der negativen Erfahrungen, die ich gemacht hatte, alle über einen Kamm, wie man so sagt, aber mit der Zeit lernte ich, dass das nicht richtig ist. Es ist wie überall; es gibt Gute und weniger Gute, wie in jedem Beruf. Mit scheint jedoch der Priester, der sein Amt nicht nur als Beruf, sondern vielmehr als Berufung ausfüllt, der bessere zu sein.

Die bittere Erfahrung, die ich 1945 mit dem damaligen Kaplan gemacht hatte, sein unchristliches Verhalten meinem Bruder Wolfgang gegenüber, als er in eine Notsituation geriet (welche ich schon in einem früheren Kapitel geschildert habe), hatte die Wirkung, dass

Wenn du hervorbringst, was in dir ist, wird das, was du hervorbringst oder ausdrückst, dich heilen.
Wenn du nicht hervorbringst, was in dir ist, vermag das, was du nicht hervorbringst, dich zu zerstören.
(Aus dem Text der Gnostiker, Jesus zugeschrieben)

ich mir vornahm, keine Eifersucht, keinen Neid und Hass in mir keimen, geschweige denn, ihn aufgehen zu lassen. Ich hatte mir durch diese negative Erfahrung eine Lebensdevise aufgestellt: »So, wie man mich behandelt, so soll auch der andere behandelt werden.«

Ich wurde durch dieses Erlebnis kein Kirchgänger, mein Glaube an Gott und seine geistige Hierarchie hingegen wurde immer stärker. Ich brauchte sehr oft seine Hilfe, die ich auch bekam, ob es auf der Arbeitsstelle, privat oder in einem anderen Bereich war; ich wurde nie im Stich gelassen.

Am 1. Januar 1970 habe ich, wie schon berichtet, meine freiwillige Arbeit im Krankenhaus Illingen/Saar, Abteilung Chirurgie Männer, begonnen. Die Leiterin dieser Station war eine Nonne mit Namen Schwester Maximinna, die alles im Griff hatte.

Jeden Sonn- und Feiertag gingen die Ordensschwestern und die weltlichen Schwestern zur Hl. Messe. Man fragte mich nie, ob ich schon in der Hl. Messe gewesen sei. Es war für mich eine Selbstverständlichkeit, eine christliche Tugend, nicht einer Messe beizuwohnen, sondern bei den kranken Menschen zu sein, die meiner Hilfe bedurften. Für mich zählt nicht Religion, sondern *Religio* (bedeutet: ein Stück Brot mit dem anderen Menschen teilen). Mein Lebensmotto lautet: Wenn ein Mensch deine Hilfe braucht, gib sie ihm.

Es scheint so, dass ich soziale Gene in mir habe; ob Freund oder Feind, ich versuche zu helfen. Nach meiner Lebenserfahrung, von Kindheit an bis heute im Jahre 2010, müsste ich ein Atheist oder ein Mensch mit sehr vielen negativen Eigenschaften sein, aber ich nehme an, dass die positiven Eigenschaften in mir vorherrschend sind.

Zu meiner Denkungsweise, das Leben und die Religion betreffend, gehört das Gesamtbild der Erde, vom irdischen Leben bis in den Kosmos, die feinstoffliche Hierarchie und allem übergeordnet die Seinsform »Gott«. Ohne die feinstoffliche Welt und unseren Schöpfergott wäre es nicht denkbar gewesen, das vergangene Leben zu meistern! In ihrem Ursprung sind alle Religionen, Kirchen und Sekten positiv, wenn sie aus dem Denken Gottes entstehen.

Ich will hier aus den vielen Glaubensgemeinschaften nur zwei Religionen herausnehmen, den Buddhismus und das römisch-katholische Christentum. Buddha lehrte die Weisheit und Christus die Liebe. Zwischen Weisheit und Liebe besteht für mich ein Unterschied, trotzdem ist in der Weisheit die Liebe verankert, aber Jesus lehrte vor 2000 Jahren die reine Liebe.

Ist diese Lehre Jesu von der »Liebe« von den Menschen verstanden worden? Ich behaupte nein, denn analysiere die zweitausendjährige Zeit der römisch-katholischen Kirche, dann wirst auch du sagen: »Die Liebe wurde nicht verstanden!« Man sollte hier nicht den Fehler begehen, die Christen über einen Kamm zu scheren, denn es gibt Menschen, die ohne viel Aufhebens nach dieser Lehre leben, die Gutes tun, ohne sich in der Öffentlichkeit zu profilieren.

Ich arbeite und bete viel, dazwischen liegt die Freude, die ja auch bekanntlich zum Leben gehört: arbeiten und beten, die Freude dabei mit einbeziehen, dann hat das Leben einen Sinn und Wert.

Ich sagte, dass man die Christen nicht über einen Kamm scheren soll, ich behaupte sogar, dass das Gute viel stärker ausgeprägt ist als das Böse, nur wird es nicht nach außen gezeigt.

Wer sagt schon, dass er gut ist? Wir leben im Zeitenwechsel und die Natur ist in dieser spürbaren Veränderung miteinbezogen. Die Energie und das Bewusstsein verändert sich, der Mensch fühlt sich hin- und hergezogen und weiß nicht, welchen Weg er gehen soll. Das bringt unsere heutige Situation in Wirtschaft, Industrie, Politik, Religion und Gesellschaft mit sich.

Es wird sich ein System verändern, nur ein symbolischer Satz nicht: »Auf diesen Felsen will ich meine Kirche bauen und die Pforten der Hölle werden sie nicht überwältigen.«

Wenn man in der heutigen Zeit Gott bejaht, wird man bekämpft oder ausgelacht. Das Zitat eines Kollegen hat sich mir so eingeprägt,

Wenn du Gutes tust, werden sie dir egoistische Motive und Hintergedanken vorwerfen – tue trotzdem Gutes!
(Mutter Theresa)

dass ich es nicht mehr los werde, auch wenn es keine Wirkung bei mir zeigt: »Tue nichts Gutes, damit dir nichts Böses widerfährt.«

Ich hingegen beherzige ein Wort von Mutter Teresa: »Das Gute, das du tust, wird morgen vergessen sein – tue trotzdem Gutes!«

Ich habe in meinem Leben ein Soll zu erfüllen. Der Lebenszenit ist zwar bereits überschritten, aber mein soziales Engagement hat sich in den letzten Jahren von außen nach innen verlagert. Wie sagt man: »Was die Rechte tut, soll die Linke nicht wissen.« Auch meine Arbeit, mein gesamtes Tun hat sich in den letzten Jahren nach innen verlagert.

Ich werde sehr oft gefragt: »Jupp, man sieht dich nicht mehr, was ist los?« Meine Antwort darauf ist dann: »Ich schreibe jetzt sehr viel und bin auf meinem Altenteil; wenn ich gebraucht werde, versuche ich zu helfen, soweit meine Kraft es zulässt!«

In meinem Heilpraktiker-Beruf legte ich sehr großen Wert auf religiöse Symbole, indem ich zum Beispiel einem sterbenden Menschen den letzten Wunsch erfülle und ihm, wenn er römisch-katholisch ist, durch einen Priester die Krankensalbung geben zu lassen.

Dazu möchte ich drei Beispiele nennen.

BEISPIEL 1: Bei einem schwerkranken Patient in der Nähe der luxemburgischen Grenze waren mein Sohn, meine Tochter und ich abwechselnd fünf mal in der Woche im Haus des Patienten, um ihn zu versorgen. In seinen letzten Lebenstagen erzählte er mir mit Bedauern, dass sein bester Kamerad, der zuständige Pfarrer der Gemeinde, ihn noch nicht besucht hätte. Zu Hause angekommen, telefonierte ich mit dem Pfarrer und sagte ihm, dass mein Patient von ihm enttäuscht sei, da er ihn noch nicht besucht habe. Ich sagte dem Pfarrer klipp und klar die Wahrheit und merkte plötzlich, dass er weinte. Nach kurzer Zeit sagte er: »Ich kann nicht zu ihm gehen, es ist mein bester Kamerad und es geht mir sehr nahe, ihn leiden zu sehen, was soll ich tun, bitte geben Sie mir einen Rat.«

Den Rat bekam er von mir und zwei Tage später besuchte ich den Kranken und fragte ihn, was es Neues gebe. Seine Antwort: »Mein Kamerad, der Pfarrer, war gestern bei mir, er gab mir die Krankensalbung und die Hl. Kommunion.« Vier Tage später verstarb er, um 23.30 Uhr schlief er trotz schwerer Krankheit friedlich ein.

Beispiel 2: Bei einem Patienten, der ein Atheist war, was ich allerdings nicht wusste, sagte ich am zweiten Behandlungstag: »Wie stehst du mit dem da oben, Gott?« Als er den Namen Gott hörte, wurde seine Ausdrucksweise sehr hart – die Worte, die er äußerte, möchte ich hier nicht wiedergeben. Beim Verlassen des Hauses sagte ich zu seiner Frau: »Er lehnt Gott noch ab, aber ich werde das Gefühl nicht los, dass er Gott irgendwie annimmt und akzeptiert.«

Ich ging weiterhin dreimal wöchentlich zur Behandlung zu ihm, über Gott wurde nicht mehr gesprochen. Drei Monate später, am Heiligen Abend, war ich wieder zur Behandlung bei ihm, es ging ihm zusehends schlechter. Ich ging zu ihm ins Krankenzimmer, begrüßte ihn und sagte: »Du hast jetzt Funkstille, jetzt werde ich dir etwas sagen. Derjenige, dem du sehr oft in deinem Leben den Fuß in den … getreten hast, steht am Tag deines Übergangs mit offenen Armen da und begrüßt dich, das verspreche ich dir«, und hielt die rechte Hand hoch. Er fing an zu weinen und sagte: »Willst du etwas für mich tun?«, und ich bejahte.

Von diesem Tag an wurde jede Nacht eine Meditation für ihn gemacht. Sechs Wochen später starb er, an einem Dienstagabend um 18.30 Uhr. Um 18.00 Uhr war ich noch bei ihm, am Tag zuvor hatte er noch die Sterbesakramente erhalten!

Beispiel 3: Es war ein Montag, als mich ein Anruf erreichte mit der Bitte: »Jupp, kannst du kommen, meinem Mann geht es sehr schlecht.« Auf dem schnellsten Weg begab ich mich zu dem kranken Mann, sagte anschließend, ohne eine Behandlung durchzuführen, zu seiner Frau »Dein Mann stirbt heute Nacht.« Sie gab zur Antwort, dass vor einer halben Stunde der Arzt da gewesen sei und die gleichen Worte zu ihr gesagt habe. Ich wollte schon zum Haus rausgehen, als es mich an der Haustüre wie einen Stoß traf mit der

Intuition: ›Geh nach oben und mach deine Arbeit.‹ Ich ging wieder nach oben zu dem Patienten, vollzog meine Behandlung und fuhr nach Hause.

Am Dienstag erreichte mich morgens um 8.00 Uhr der Anruf seiner Frau. Sie fragte: »Was hast du mit meinem Mann gemacht?« Ich antwortete mit einer Gegenfrage: »Warum?« Sie sagte: »Er sitzt neben mir am Frühstückstisch, als wenn nichts geschehen wäre.« Der Patient lebte noch mehrere Jahre. Kurz vor seinem späteren Tod war ich noch um 22.30 Uhr bei ihm, eine halbe Stunde später verstarb er.

Gebet und Gnade erweisen sich deutlich sichtbar als Wirkungsweg höherer Kraft, die unser Leben erhalten und lenkend durchwirken. Ein natürlicher Zusammenhang ist auch die Religio, die Rückverbindung des Einzelnen zu seinem Ursprung mit Gott und damit die stetige Lebenserneuerung durch den »Geist«.
(Kurt Trampler)

Ich versuche mich in der *Religio* zu betätigen, das soll allerdings nicht heißen, dass ich die Religionen ablehne. Jeder wird nach seiner Fassung selig. Ich habe während meiner Praxistätigkeit mit sehr vielen Ordensleuten zu tun gehabt und die meisten für in Ordnung befunden. Priester und Ordensleute sind Menschen wie du und ich, mit ihren positiven und negativen Seiten. Wie ich schon erwähnte, ist jede Religion in ihrem Ursprung gut. Nur, was macht der Mensch daraus?

So gibt es einen Priester, den ich Kamerad nenne. Er ist ein Missionar aus Belgien, der sich viel in meinem Heimatdorf Eppelborn aufhält, wo ich ihn auch kennengelernt habe! Er war bereits in Jerusalem, Rom und Kenia/Nairobi tätig und ist ein sehr vitaler, intelligenter und erfahrener Mensch, an dem ich mich gern orientiere.

Übernatürliche Phänomene

Wie es aussieht, scheine ich bei der feinstofflichen Welt gut im Rennen zu liegen. Im Grunde genommen halten sie dort die Hand über mich und ich bin überzeugt, dass sie versuchen, mir zu helfen, meine Lebenssituation besser zu bewältigen.

Dazu einige Begebenheiten aus meinem Leben. An einem kalten Tag Anfang der 50er Jahre fiel Regen, der zu Eis wurde und die Straßen in eine spiegelglatte Rutschbahn verwandelte. Ich war mit dem Motorrad zur Straßenmeisterei 2 in die Dillingerstraße in Lebach unterwegs, um meine Streutätigkeit aufzunehmen. Beim Einbiegen von der Hauptstraße zur Straßenmeisterei kam ich ins Rutschen und verlor die Kontrolle über mein Motorrad. Zur gleichen Zeit kam mir ein Lastwagen entgegen, dessen Fahrer – ein guter Freund von mir, Karl Tieck – wegen der glatten Straße vergeblich versuchte, den LKW zum Stehen zu bringen. Da es nicht gelang, rutschten wir uns immer mehr entgegen, ohne jede Chance, unsere Fahrzeuge wieder in den Griff zu bekommen. Das Phänomen in dieser überaus gefährlichen Situation war, dass der LKW und mein Motorrad plötzlich auf der Straße zum Stehen kamen und ich genau am linken Vorderrad des LKW stehen blieb. Nicht auszudenken, was hätte passieren können, wenn der LKW nicht rechtzeitig zum Stillstand gekommen wäre.

Ich sagte zum Fahrer: »Karl, diese Aktion ist mal wieder gut für mich abgelaufen.« Karl stand der Schreck noch im Gesicht, doch ich ging meiner Streuarbeit in der Straßenmeisterei nach, als ob nichts geschehen wäre. Wir beide, mein Motorrad und ich, waren gesund und munter!

Es wurde schon an früherer Stelle die Baustelle Wildflecken erwähnt. Die Baustelle lag zwischen Kasernen und der Langenleitenerstraße und war eine Panzerstraße aus Beton. Das Gebiet der Baustelle war ein Munitionslager aus dem Dritten Reich, *Muna* genannt. In dem gesamten Gelände befanden sich noch Granaten und Schusswaffen aller Art im Erdreich, die noch scharf waren, jederzeit die Gefahr einer Explosion bestand.

Unternehmer, die diesen Platz kannten, reichten wegen dieser Gefahr keine Angebote ein. Die Firma AHI, Allgemeine Hoch-

und Tiefbau, bekam den Auftrag, und ich wurde als Schachtmeister für diese Baustelle in der Hochröhn am Kreuzberg eingesetzt.

Schon am ersten Tag kamen bei den Baggerarbeiten Granaten vielerlei Kalibers zum Vorschein, allesamt noch scharf! Es wurde sofort ein Sprengmeister aus Bischofshofen am Fuße des Kreuzbergs zur Entschärfung beordert.

Du kannst den Menschen wohl auf den richtigen Weg bringen, doch nicht ihn zwingen, darauf zu bleiben. (Konfuzius)

Am gleichen Tag, es war der erste Arbeitstag und Beginn der Baggerarbeiten, suchte ich mir im Dickicht des Waldes ein Plätzchen aus, um zu beten, um Gott und seine Hierarchie zu bitten, dass es zu keinem Unfall auf meiner Baustelle käme und niemand verletzt würde. Meine Gebete und Bitten wurden erhört. Auf der Baustelle wurde, trotz der herrschenden Gefahren, alles reibungslos abgewickelt. Dieses Bittgebet habe ich fast jeden Tag gesprochen, und noch heute bedanke ich mich für Gottes Hilfe.

Der Stausee in Losheim/Saar war der erste künstliche See, der im Saarland gebaut wurde. Für die Bauzeit, die von 1972 bis 1974 dauerte, hatte ich die Bauführung übertragen bekommen.
Die Oberbauleitung hatte ein Diplom-Ingenieur der Firma Strabag, der mit meiner Arbeit unzufrieden war, nur weil ich sie exakt vorschriftsmäßig ausführte. Doch die Dammverdichtung war zu hoch, sie lag über der Sollgrenze von 95 %. Meine Warnung vor dem Risiko eines Baustopps, das ich erkannte, wurde von meinem Vorgesetzten in den Wind geschlagen. Er bekämpfte mich, wo er nur konnte, und es wurde umgehend um meine Versetzung gebeten.

Von Anfang an habe ich die feinstoffliche Hierarchie um Beistand gebeten. Ich führte tagtäglich meine Gespräche mit ihr, und es wurde eine hervorragende Arbeit absolviert.

Am Ende wurde nicht ich entlassen, sondern es war der Diplom-Ingenieur, der gehen musste. Sofort nach der Ablösung bekam ich einen neuen Vorgesetzten und alles verlief, bis zum Abschluss dieser Baustelle, reibungslos.

Wie ich schon erzählt habe, machte ich 1973 die Bekanntschaft einer älteren, gehbehinderten Frau. Diese bemerkenswerte Begebenheit ist es wert, hier noch einmal wiedergegeben zu werden, da sie eine der Fügungen ist, die mir in meinem Leben widerfahren sind. Diese behinderte Frau hatte mich so beeindruckt, dass ich mich fortan um sie kümmerte und die Nachbarschaft dazu animierte, für die Frau einkaufen zu gehen und auch auf sie aufzupassen.

Wir verlangen, das Leben müsse einen Sinn haben, aber es hat nur ganz genau so viel Sinn, als wir selber ihm zu geben imstande sind. (Hermann Hesse)

Ich wusste von ihr nur, dass sie besondere Fähigkeiten hatte, aber welcher Art diese Fähigkeiten sein sollten, war mir unbekannt. Ich fuhr fast jeden Tag zu ihr, um nach dem Rechten zu sehen, und merkte mittlerweile, dass sie sehr fromm war und einen sehr starken Glauben an Gott besaß.

Eines Abends, ich war etwa eine Stunde bei ihr und wir saßen in der Küche, ihre beiden Katzen hockten auf der Fensterbank, veränderte sich die Frau; man sah nur noch das Weiße im Auge und sie geriet in eine Ekstase. Bei diesem Anblick bekam ich eine Gänsehaut, verspürte aber keine Angst. Nach einer kurzen Weile fing sie zu sprechen an. Sie sagte: »Josef, jetzt steht die Mutter Maria hinter dir mit ausgebreitetem Mantel.« Nach einem weiteren kurzen Moment sagte sie: »Du brauchst in deinem Leben keine Angst zu haben, du stehst immer unter ihrem Schutz.« Ich merkte in dieser Situation, dass sich das Gefühl in mir veränderte; wie, ist schwer zu sagen.

Dieses Erlebnis hat sich mir so eingeprägt, dass ich es nach 37 Jahren immer noch so vor mir sehe, als wäre es gestern gewesen!. Heute weiß ich, dass die Frau Schauungen hatte, d. h. hellsichtig war, und dass sie mit der feinstofflichen Welt genauso sprach wie mit der physischen. Mein Glaube ist dadurch viel stärker geworden.

Das zweite Erlebnis mit dieser Frau hatte ich 1976, als ich meine erste Heilpraktikerprüfung hatte. Nach der nicht bestandenen Prüfung brachte ich es nicht über mich, gleich zu ihr zu gehen. Erst drei

Tage später ging ich zu ihr, sie befand sich damals im Altenheim St. Josef in Eppelborn/Saar, wo sie in guter Obhut war und wo ich sie fast jeden Tag, so oft es mir möglich war, besuchte.

Ich kam in das Krankenzimmer in dem sie lag, begrüßte sie und sofort nach meinem Gruß sagte sie: »Josef, ich sage dir, wie die Prüfung verlaufen ist. Um 14.30 Uhr war eine Vorbesprechung der Prüfer und um 15.00 Uhr war die Prüfung angesetzt. Bei der Vorbesprechung um 14.30 Uhr wurde schon beschlossen, dass du diese Prüfung nicht bestehen wirst.« Ich fragte sie darauf: »Woher weißt du das?« Die Antwort war: »Jesus Christus, der Heilige Antonius und Pater Pio haben an meinem Bett gestanden und sagten: ›Dem Josef hat man ein sehr großes Unrecht zugefügt, der schlimmste Prüfer, der gegen Josef war, stirbt in den nächsten Tagen.‹ Du brauchst keine Angst zu haben, du bestehst die Heilpraktikerprüfung!«

Und alles trat ein!

Ich musste noch zweimal zur Prüfung, bis ich die Zulassung als Heilpraktiker bekam. Der erste Termin war im Juni 1976, der zweite im August 1976 und den dritten Termin hatte ich im November 1976.

Am 1. Dezember konnte ich meine Heilpraktikerpraxis in Bubach/Saar als selbstständiger Heilpraktiker eröffnen.

Ich habe mich in den letzten Jahren zurückgezogen und mich dem Schreiben gewidmet; so entstanden meine Bücher und Broschüren.

Ich versuche mich in der radiästhetischen Forschung zu betätigen und schreibe für den Dr. Wetzel Verlag in München, wo meine Berichte, wie ich aufgrund der vielen positiven Reaktionen der Leser dieser Fachliteratur annehmen darf, gut bei dem interessierten Publikum ankommen.

Eine Zusammenarbeit mit Radiästhesisten und Heilern gestaltet sich sehr schwierig, da, wie ich meine, jeder glaubt, das Gelbe vom Ei zu sein. Diese beiden Gruppen, Radiästhesisten und Heiler, arbeiten in den meisten Fällen auf verschiedene Weise, doch ist die Richtung maßgebend. Wenn man durch verschiedene Arbeitssysteme einem Menschen helfen kann, spielt das System keine Rolle. Wie sagt man doch: »Viele Wege führen nach Rom«; nur sollte man in Rom gemeinsam ankommen.

Jeder Mensch sammelt in seinem Leben einen Schatz von Erfahrungen an, der eine mehr, der andere weniger. Wenn ich die Zahlenmystik beachte, so habe ich die Zahl 12, diese Zahl heißt »Opfergang«. Wenn ich zurückblicke und mir meine Vergangenheit betrachte, so stimmt die Zahl 12 mit meinem Leben überein. Es sind nicht alle Schmerzen heilbar, besonders nicht die seelischen. Das soll wiederum nicht heißen, dass mein Leben nur Opfergang war, ich habe auch viel Erfreuliches erlebt, sowohl im beruflichen als auch im privaten Bereich, hatte Freude an der Natur, an meiner Arbeit usw. Im Grunde war und bin ich ein lebenslustiger Mensch, mit sehr vielen Fehlern, die in Maßen in Ordnung gebracht wurden. »Die Erkenntnis ist die Mutter der Weisheit«, sagt der Volksmund, und Hermann Hesse hinterließ uns die Einsicht: »Ich habe aus meinen Fehlern gelernt, dass ich dies oder jenes nicht darf. Man muss erst Fehler machen, um zur Einsicht zu kommen, und dann erkennen, dass diese gegen das göttliche Gesetz verstoßen.«

Die Erde ist ein Planet zum Lernen, ein »Lernplanet«. Ich lernte bereits in meiner Kindheit die feinstoffliche und die materielle Welt gleichermaßen kennen und kam zu der Erkenntnis, dass es ohne Gott und seine Hierarchie auf dieser Welt nicht geht.

Am 7. Mai 2011 blicke ich mit meiner Frau auf 55 Jahre Ehe zurück. Ich habe mit der Wahl meiner Ehepartnerin das große Los gezogen, das Gleiche mit meinen Kindern. Es ist wichtig, Kindern eine gute Erziehung auf ihrem Lebensweg mitzugeben, doch muss man es ihnen überlassen, welchen Weg sie gehen. Der Grundstock liegt im Elternhaus, damit sie fürs Leben und aufkommende Schwierigkeiten gerüstet sind, doch welche Partner und Freunde sie sich aussuchen, ist ihnen überlassen, da sie ihre eigenen Erfahrungen machen müssen. Sie müssen ihr eigenes Leben leben, mit allen Konsequenzen, die aus ihren Entscheidungen entstehen. Dazu ein Wort von Khalil Gibran (»Der Prophet«):

Eure Kinder sind nicht eure Kinder. Es sind Söhne und Töchter von des Lebens Verlangen nach sich selber. Sie kommen durch euch, doch nicht von euch. Und sind sie auch bei euch, so gehören sie euch doch nicht. Ihr dürft ihnen eure Liebe geben, doch nicht eure Gedanken, denn sie haben ihre eigenen Gedanken. [...] doch suchet nicht, sie euch gleich zu machen. Denn das Leben läuft nicht rückwärts, noch verweilet es beim Gestern. Ihr seid die Bogen, von denen eure Kinder als lebende Pfeile entsandt werden. [...] Möge das Biegen in des Schützen Hand euch zur Freude gereichen [...][1]

Ich bin mir sicher, dass wir unseren Kindern die Grundwerte des Lebens vermittelt haben, alles Weitere lege ich in die Hände einer höheren Instanz, die mir immer schon Hilfe war.

Ich war in der Schule keine große Leuchte, ich liebte die Praxis und nicht die Theorie. Als Kind schon hatte ich arbeiten gelernt und wusste so schon früh: Ohne Arbeit kannst du in diesem Leben nicht existieren.

Die wichtigste Zeit im Leben eines jungen Menschen sind die Jahre direkt nach der Schulentlassung, die Jahre der Lehre bei einem guten Lehrmeister. Diese drei Jahre Ausbildung eines jungen Menschen sind ausschlaggebend für das ganze zukünftige Leben. Mein Lehrmeister Karl Wittmann aus Lebach, der wie ein Vater zu mir war, war als Lehrmeister sehr hart, aber gerecht und gut. Unter seiner Obhut lernte ich so viel, dass ich bereits nach einjähriger Lehrzeit für selbstständige Arbeit herangezogen werden konnte.

Durch meinen Beruf bekam ich den Namen »Pflasterer Jupp«, unter dem ich noch heute bekannt bin. Wollte jemand zu mir in die Praxis, so sagte er: »Ich gehe zum Pflasterer Jupp.« Diesen Namen werde ich mein Leben lang behalten – und ich bin sehr stolz auf ihn.

---

[1] Aus: *Der Prophet*. In: Khalil Gibran: Die Prophetenbücher, München; Goldmann 2002, S. 32

Teil III
(2005 – 2010)

Ehrungen

*Die irrationale Fülle des Lebens hat mich gelehrt,
nie etwas zu verwerfen, auch wenn es gegen alle unsere Theorien verstößt.
Man ist dadurch zwar beunruhigt, man ist nicht ganz sicher,
ob der Kompass richtig zeigt. Aber in Sicherheit, Gewissheit und Ruhe
macht man keine Entdeckungen.*
(C. G. Jung)

Die Zeit von 2005 – bis 2010

Am 18. März 2005 wurde ich für das »Verdienstkreuz am Bande des Verdienstordens der Bundesrepublik Deutschland« von unserem Ministerpräsidenten des Saarlandes vorgeschlagen, und vom Bundespräsidenten Herrn Köhler wurde dies bestätigt. Am 18. März erhielt ich vom Ministerpräsidenten des Saarlandes, Peter Müller, ein Schreiben mit folgendem Wortlaut:

Der Ministerpräsidnet des Saarlandes

Sehr geehrter Herr Georg! Lieber Jupp!

In Anerkennung Ihrer um Volk und Staat erworbenen Verdienste wurde Ihnen auf meinen Vorschlag das

Verdienstkreuz am Bande
des Verdienstordens der Bundesrepublik Deutschland verliehen.

Zu dieser hohen Auszeichnung beglückwünsche ich Sie sehr herzlich.

Der Minister für Justiz, Gesundheit und Soziales, Herr Josef Hecken, wird Ihnen die Verleihungsurkunde und die Ordensinsignie aushändigen. Über den Termin erhalten Sie von dort nähere Mitteilung.

Mit freundlichen Grüßen
Peter Müller
[Unterschrift]

Nachfolgend Abschrift eines Briefes v. 27. April 2005

Saarland
Ministerium für Frauen, Arbeit,
Gesundheit und Soziales

Persönlicher Referent
Tel. 0681/501-3267
Fax 0681/501-3641
k.schmidt@justiz-soziales.saarland.de

Herrn							27. April 2005
Josef Georg
Ringstr. 42
66571 Eppelborn

Auszeichnung mit dem Verdienstkreuz am Bande des Verdienstordens der Bundesrepublik Deutschland

Sehr geehrter Herr Georg,

auf Vorschlag des Herrn Ministerpräsidenten Peter Müller werden Sie mit dem Verdienstkreuz am Bande des Verdienstordens der

Bundesrepublik Deutschland ausgezeichnet. Hierzu meine herzlichen Glückwünsche – auch im Namen von Herrn Minister Josef Hecken.

Herr Minister Josef Hecken möchte Ihnen diese hohe Auszeichnung im Rahmen einer Feierstunde am

Montag, 23. Mai 2005, 15.00 Uhr
Im Koßmann-Forum, Im big Eppel (rechter Seiteneingang, 2. Etage),
Europaplatz, 66571 Eppelborn

überreichen.

Der Termin wurde auch mit dem Bürgermeister der Gemeinde Eppelborn, Herrn Fritz-Hermann Lutz abgestimmt. Zu dieser Feierstunde werden wir ebenfalls den Landrat des Landkreises Neunkirchen, Herrn Dr. Rudolf Hinsberger, den Ortsvorsteher des Gemeindebezirks Eppelborn, Herrn Berthold Schmidt sowie die örtliche Presse einladen.
Ich bitte Sie, uns die Namen der aus Ihrem persönlichen Umfeld eingeladenen Gäste mitzuteilen.

Für eventuelle Rückfragen stehe ich Ihnen selbstverständlich gerne zur Verfügung. Ich wünsche Ihnen – auch im Namen von Herrn Minister Josef Hecken – weiterhin alles Gute.

Mit freundlichen Grüßen
Karsten Schmidt

Laudatio
von Sozialminister Josef Hecken

(Wörtliche Abschrift)
Meine sehr verehrten Damen und Herren!
Jetzt sage ich auch, lieber Jupp, von Jupp zu Jupp, wir haben uns eben zum ersten Mal gesehen, aber gleichwohl habe ich beim Lesen der Unterlagen für den heutigen Tag eine sehr große Grundsympathie gegenüber dem heute zu Ehrenden.

Meine sehr verehrten Damen und Herrn, es gibt Tage, da muss man sich eigentlich vor sich selber schämen, Tage, wo mann als Politiker, als Minister, als Staatssekretärin, als Bürgermeister, als Landrat denkt „Verdammt noch mal, was musst Du heute wieder viel schaffen, was gibt es heute viele Termine, was bist Du für ein armer Hund, wieso musst Du soviel durch die Gegend rennen?"

Schämen tut man sich dann, wenn man Lebensläufe wie denjenigen, den der Jupp Georg aufzuweisen hat, Lebensläufe, die beweisen, dass es Menschen gibt in der Bundesrepublik Deutschland, dass es Menschen gibt in Eppelborn und Umgebung, die viel mehr tun als manch einer, dessen Berufes ist, sich um andere zu sorgen, dass diese Menschen dann auch noch hingehen und sagen: „Das, was ich tue, ist eigentlich selbstverständlich, da braucht man kein großes Aufhebens drum zu machen. Ich tue das gerne, meine größte Zufriedenheit ist, wenn ich weiß und fühle, dass es anderen Menschen gut geht, dass ich anderen Menschen helfen konnte", dann sage ich an dieser Stelle, solche Lebensläufe, die man leider immer seltener findet heute, sind für mich Lebensläufe, die beispielgebend sind, erstens in schweren Stunden für jeden von uns, wenn man schon mal ein bisschen am grübeln ist, die aber auch beispielgebend sind für den Umstand und für die Begleitumstände, wie ein Gemeinwesen funktionieren kann.

Wenn man in der Bundesrepublik Deutschland nur 5 % der Menschen hätten, die bereit wären, sich so einzusetzen, wenn man in der Bundesrepublik Deutschland nur 5 % der Menschen hätte, die sagen würden: „Wir warten nicht drauf, bis irgendjemand kommt und sagt, kannst Du mir mal helfen?, und dann überlegen sie sich doch teilweise Ausreden, wieso sie zwar grundsätzlich gerne helfen würden, aber gerade an dem Tag nicht helfen können. Wenn man Menschen hätte, die sagen können: „Ich habe Gefühl dafür, wo Not ist, ich habe ein Gefühl dafür, wo ich in irgendeiner Form aktiv werden kann", dann bräuchte man manche Diskussion über den Sozialstaat, manche Diskussion über das Zurückgehen der Ehrenamtlichen in unserer Gesellschaft, dann bräuchte man mache Diskussion über Verdrießlichkeit über unseren Staat in der Bundesrepublik Deutschland nicht zu führen.

Es fing an, eigentlich unüblich, obwohl, wir hatten uns eben im Vorgespräch unterhalten, auch da hat er sich eigentlich schon von der Masse abgehoben, er fing nämlich an im Straßenbau als Straßenwärter, als Bauführer etc.... Er sagte eben so schön: „Als ich noch im öffentlichen Dienst war, als ich noch als Straßenwärter gearbeitet hab, bin ich die Strecke, für die ich zuständig war ein paar Mal öfter abgelaufen, als manch Anderer seine Strecke abgelaufen ist, weil ich eben dafür verantwortlich war und weil ich das Gefühl hatte: „Du musst die Dinge, für die Du verantwortlich bist, mit Gefühl, mit Einsatz und mit vollem Engagement betreiben und sich nicht einfach irgendwo in die Ecke setzen (damals hat man noch 42 oder 44 oder 46 Stunden gearbeitet) und dann am Ende der Arbeitszeit sagen: „Es ist mir egal, ob jetzt ein Ast auf die Straße fällt, ob jetzt im Winter irgendwo ein Problem besteht", er hat sich damals schon verantwortlich gefühlt, hat immer das, was ihm übertragen, war nicht einfach so 08/15 gemacht, sondern er hat es gemacht in einer Art und Weise, wo man schon spüren konnte, da ist unbändige Energie, auf Deutsch gesagt, er ist nicht kleinzukriegen.

Selbst wenn er es wollte, dass er mal 14 Tage ruhig ist, dass er mal 14 Tage keine neue Idee hat, ist es praktisch unmöglich, ihn mal für 14 Tage ruhigzustellen. Das hat sich dann wie ein roter Faden sowohl durch das Berufsleben, das ja dann eben eine Wende genommen hat, durch das Berufsleben und durch das ehrenamtliche

Engagement gezogen. Nicht bequeme Sachen, nicht irgendwo nur in eine Gruppierung eintreten, wo man dann mit der Fahne vorneweg vor der Truppe marschieren kann und kann sagen, das ist ja wunderbar und doll und ich bin der Leitwolf, sondern sich engagieren in Bereichen, wo es auch wehtut.

Als der Freundeskreis für das psychiatrische Pflegeheim gegründet wurde, da musste Überzeugungsarbeit geleistet werden da musste der Versuch unternommen werden, zwei Welten ein Stück zusammenzubringen und da hat er gesagt: „Ich stelle mich an die Spitze der Bewegung, ich identifiziere mich, ich rede nicht nur von Integration, sondern versuche Integration zu leben und stelle meinen guten Namen (den er hier ja schon immer hatte) in den Dienst einer guten Sache, denn häufig erlebt man ja, wenn sich ein Leitwolf vorneweg stellt, dann marschieren ein Haufen (nicht bös gemeint) „Mitläufer" mit und sagen:"na ja, wenn der Jupp sagt, das ist gut, dann muss das gut sein, also stellen wir uns auch positiv zu dieser Sache". Das hätte eigentlich schon gereicht, da hätte man sagen könne „jawohl, ich habe mein sozialkaritatives Engagement, was für ein Leben reicht hinreichend erfüllt, ich bin der Vorsitzende, ich bleibe der Vorsitzende und kämpfe", nein es war nicht genug, neue Situationen, neue Hilfsbedürftigkeiten, die sich für Ihn ergeben haben und was war die Folge; der Eppelborner Hilfsdienst wurde gegründet, das Unternehmensportefolio darzustellen, ist gar nicht möglich, es geht von A – Z, es fängt an mit Kinderbetreuung, es fängt an mit Spielnachmittagen und es geht über Kleiderkammer etc…im Prinzip hin zu einer ganzheitlichen Versorgung, die Leute da abholen, wo sie hilfsbedürftig sind, sie am Krankenbett aufsuchen, notleidenden hilfsbedürftigen Menschen eben die passgenaue Hilfe zu geben, die sie brauchen, die passgenaue Hilfe zu geben um schlicht und ergreifend das zu tun, was ich persönlich unter christlicher Nächstenliebe verstehe und dabei sich eben nicht nur allein abzuarbeiten und zu sagen „na ja ich mach das und versuche, möglichst viel zu regeln", sondern als in der Gemeinde angesehener Bürger möglichst Viele mitzunehmen.

Sie haben ja mittlerweile Hunderte von Ehrenamtlichen, die mittun, ich habe gestern Abend zu meiner Frau gesagt als ich mir das durchgelesen habe: „Die die nicht hilfsbedürftig sind, die sind dann ehrenamtlich angagiert". Das ist faszinierend, nicht nur so ein Clübchen mit sieben Leuten, die sich dann abkämpfen und abends sagen: „Oh Gott was haben wir heute wieder gute Werke getan und dann einen Strich machen, der dann später für die Seligsprechung im päpstlichen Staatssekretariat niedergelegt wird, sondern viele Leute mitnehmen und sagen: „Ich bin ein Matador vor Ort und ich gehe mit gutem Beispiel voran und viele, viele Andere helfen, damit wir gemeinsam gute Werke tun.

Man hätte sagen können: „So, das war jetzt schon der zweite Grund, der ausreicht um das Bundesverdienstkreuz zu verleihen, da könnt man dann aufhören. Da geht es aber weiter. Kindernothilfe, Kinderherzzentrum St. Augustin, ich will jetzt nicht ins Unermessliche verlängern. Da könnte man auch noch stundenlang darüber erzählen. Bereiche, in denen eben immer wieder neue aktuelle Baustellen aufgemacht wurden, die dann aber nicht irgendwann verlassen wurden, wo man niemals erlebt hat, wie das Werk voranging, sondern die Baustelle wurde aufgemacht und dann wurde sie, wie das sich für Bauleiter gehört, ordnungsgemäß geplant und dann auch ordnungsgemäß abgefackelt, bis dann am Ende die Dinge so funktionieren, wie man sich das vorgestellt hat, damit eben der sozialkaritative Zweck mit diesem Engagement erreicht werden kann.

Dafür muss die Gesellschaft Danke sagen, dafür will die Gesellschaft Danke sagen, denn ich habs eingangs gesagt, wenn es mehr Leute von diesem Kaliber gäbe, dann ginge es uns in dieser Gesellschaft besser, deshalb bin ich ganz ganz glücklich, dass der Bundespräsident Ihr Engagement gewürdigt hat und Ihnen das Bundesverdienstkreuz am Bande des Verdienstorden der Bundesrepublik Deutschland verliehen hat.

Ich gratuliere namens der Landesregierung, namens des Ministerpräsidenten und sage Dank für ein erfülltes Leben das hoffentlich (Sie sind jetzt ein paar Jahre im Ruhestand und jetzt werden

Bücher geschrieben, es wird trotzdem noch weitergearbeitet) das hoffentlich noch viele viele Jahre weitergeht im Interesse der Allgemeinheit, im Interesse unserer Gemeinschaft, im Interesse der Gemeinde. Der Bürgermeister wäre auch glücklich, wenn es ein paar mehr von der Sorte gäbe, obwohl es hier schon überdurchschnittlich viele gibt.

Ich sage Danke und wünsche viel Kraft und Kraft haben Sie. Der Stefan Kolling hat mir eben auf der Hinfahrt gesagt: „Pass auf, wenn der Dir die Hand gibt. Du bist ja so ein Bürokrat, dass Dir die Finger nicht gequetscht werden". Der Mann hat nicht nur Energie im Organisieren, sondern der hat auch Energie im Körper, der hat auch Energie im Leben.

Ich wünsche Ihnen noch viel Kraft für die Allgemeinheit, aber auch für Ihre liebe Gattin, für Ihre Familie, wir haben eben erörtert, die Kinder sind aus dem Gröbsten raus, die können das teilweise fortführen, was Sie jetzt beruflich auf die Beine gestellt haben. Ich bin mir absolut sicher, sie werden auch das fortführen, was sie vom Vater mitbekommen haben, denn das kann nicht spurlos an jemand vorübergehen, wenn man das mitbekommen hat, wenn man erlebt hat, wie der Vater rödelt und sich einsetzt, wer das negiert, der muss schon relativ scheuklappenmäßig durchs Leben gehen.

Ich sage Ihnen persönlich Danke, ich sage aber auch Danke der gesamten Familie, vor allen Dingen Ihrer lieben Frau, Sie haben heute in der Zeitung gesagt: „Auf einmal war ich gesund" (Ich verkürze das jetzt...) Nur, das ist schön gesagt und bei solchen Jubiläen ist das schön zu sagen: „Wir haben gemeinsam gekämpft". Nur die Kehrseite solchen Engagements ist eben, selbst, wenn man sich selbst einbringt, man manche Abende auch allein dasitzt, dass man häufig sagt, ja das ist ja schön, wenn für die Allgemeinheit was gemacht wird, aber es wäre schön, wenn man wenigstens die Ziehung der Lottozahlen mal gemeinsam sehen könnte. Deshalb braucht Engagement wie das Engagement, das Ihr Mann gezeigt hat, immer eine tragfähige Grundlage in einer Familie, die funktioniert, denn wenn einem daheim die Brocken um die Ohren fliegen, dann kann man draußen auch nix mehr erreichen, weil man dann im Kopf nicht frei ist und diese Freiheit haben Sie Ihrem Gatten gegeben und deshalb gebührt die Auszeichnung, die ihrem Mann heute verliehen wird ein Stück weit auch der gesamten Familie und selbstverständlich, das haben Sie ja auch jetzt gegenüber der Presse schon gesagt, selbstverständlich auch Allen, die Sie begleitet haben im Leben, denn das habe ich eben gesagt, war nie das Werk eines Einzelkämpfers.

Sie waren der Leitwolf, denn der Leitwolf ist wichtig und es sind Gott sei Dank viele viele Bürgerinnen und Bürger mitgegangen, um gemeinsam gute Dinge zu tun. Ich sage noch mal herzlichen Glückwunsch und überreiche Ihnen jetzt die Urkunde des Herrn Bundespräsidenten.

Laudatio von Landrat Dr. Rudolf Hinsberger

(Abschrift)

…das ist sozusagen eine ansteckender, im positiven Sinne ein ansteckender Virus, den der Herr Georg da in die Welt gesetzt hat und ich glaube, ich möchte ihm, seiner Frau und der ganzen Familie ganz ganz herzlich danken für diese jahrzehntelange Arbeit im Dienste eigentlich all der Benachteiligten, die oft vergessen sind, die man nicht so kennt, die sich nämlich nicht immer an die Behörden wenden, sondern, wenn man so will, die hier im dörflichen Gemeinwesen und das geht ja über Eppelborn hinaus, bekannt werden auf ganz andere Weise. Also noch mal meinen herzlichen Dank, und wie Sie Herr Minister schon gesagt haben, einige weitere Nachfolger könnte es schon geben. In diesem Sinne alles Gute.

Laudatio von Ortsvorsteher Berthold Schmitt

(Abschrift)

....lieber Josef, liebe Annemie. Als ich heute Morgen nach Ottweiler gefahren bin zur Arbeit, haben die Fahnen geweht. Die Deutschlandfahne. Da hab ich gedacht, oh der Jupp kriegt das Bundesverdienstkreuz, da haben sie geflaggt. Mir ist natürlich schnell während der Fahrt auch aufgefallen, dass heute nicht nur ein Tag nach dem 22. Mai ist, sondern der 23. Mai, der erinnert an 1949, an die Verkündigung des Grundgesetzes der Bundesrepublik Deutschland!

Warum erwähne ich das! In diesem Grundgesetz steht, die Bundesrepublik ist ein sozialer und demokratischer Rechtsstaat. Der Jupp hat wahrscheinlich nie dieses Grundgesetz gelesen, also das Grundgesetz vielleicht schon, aber nicht diesen Satz als ein Leitspruch über sein Leben gestellt, sondern er hat einfach geholfen. Der Herr Minister hats eben dargestellt, wenn der Jupp aufsteht, hat er neue Ideen, wie man Leuten helfen muss, von denen er gehört hat, dass sie in Not sind. Und so hat er nicht nur diese Organisationen, die alle hier erwähnt wurden, gegründet, ich möchte sie nicht noch mal alle erwähnen, obwohl ich ja immer von Anfang an dabei war.

Wenn der Josef gesagt hat, wir gründen hier einen Verein, da müsst ihr alle mitmachen, da musst Du natürlich kommen und da waren wir natürlich alle immer mit dabei und wir haben alle diese Vereine bis heute begleitet, in einem bin ich ja noch im Vorstand tätig und wir helfen vielen Kindern, was er damals angeregt hat. Aber nicht nur in diesen Vereinen hat er geholfen, der Minister hat auch erwähnt die Herzkinderklinik in St. Augustin.

Ich war einmal mit ihm dort, da war ein Journalist einer Frauenzeitschrift, der einen schönen bunten Bericht gemacht hat. Es geht mir weniger um diesen Bericht, sondern das Erlebnis, welches Ansehen er in dieser Klinik hatte, wo also ein Unterstützungsverein gegründet war und wo die Herzchirurgen für kleine Kinder uns dort die Operationen am Kinderherzen erläutert haben und die Möglichkeiten, die die Spenden, die er gesammelt hat, auch an seinen Geburtstagen, dort bewirkt haben, dass nämlich die Operationen in ihrer Zahl vervielfältigt werden konnten, die Aufenthalte der Kinder und der Eltern dort möglich waren und so gesehen wurde es möglich, dass Kinder, bevor sie größere Probleme bekamen oder sterben mussten, entsprechende Operationen auch in Deutschland bekommen konnten.

Auch andere Dinge, ich möchte nur ein kleines Erlebnis sagen. Er kam zu mir und sagte: Ich komme von der Frau .... Da habe ich gesagt: „Was hast Du denn dort gemacht?" Da sagt er: „Ich hab die Kohlen hineingeschafft, weil die Frau keinen hatte, der ihr die Kohlen in den Keller bringen konnte, denn sie selbst war dazu nicht mehr in der Lage. Er war sich also auch nicht zu schade, solche Dinge einfach aus der Notlage heraus zu machen und hat nicht gefragt, wer braucht Hilfe, sondern einfach geholfen.

Ich möchte es dabei bewenden lassen. Alle wichtigen Dinge, auch die großen Organisationen, die er mitbegründet hat, wurden erwähnt. Ich darf Dir recht herzlich gratulieren zu dieser Auszeichnung. Ich habe heute noch jemand am Telefon gehabt und gesagt, ich muss heut früher weg, da sagte der: „Was ist denn los?" Meine Antwort: „Der Jupp kriegt das Bundesverdienstkreuz". Die typische Antwort, die ich in den letzten Tagen oft gehört habe: „Wenn es einer verdient hat, dann er!" Aus diesem Grunde vielen herzlichen Dank für all das, was Du getan hast und herzlichen Glückwunsch für diese Auszeichnung auch an Deine Frau und Deine Familie! Herzlichen Glückwunsch.

Laudatio von Pastor Matthias Marx

(Abschrift)
Es ist 12 Jahre her, als ich als Pfarrer hierherkam. Ich war gerade eingezogen, klingelts an der Haustür und im Flur steht der Jupp und sagt: „Ich bin der Jupp, ich habe einen großen Geburtstag und ich

hoffe, dass Ihr kommt." Und er ging selbstverständlich davon aus, dass ein Pfarrer, der erst fünf, sechs Tage da ist, schon weiß er der Jupp ist.

So haben wir uns kennengelernt, schätzen gelernt, uns angefreundet, aber gerade weil das so ist, in Fortführung ernster Wörter die Seligsprechung betreffend, halte ich es gerade, weil ich sein Freund bin für die Pflicht, den vielen Lobreden auch noch hinzufügen, dass, man natürlich dann umstritten ist, dass man sich Freunde, aber auch Feinde macht, dass einer, der so ein Kraftwerk ist, er ja zuständig für Orte der Kraft weil er selbst ein wandelnder Ort der Kraft ist, auch Kraftausdrücke verwendet, die nicht immer gut ankommen und dass es allerlei gibt, über das offen geredet wird und anderes, das nicht so gern offen gesagt wird ihm einen solchen Charakter gibt.

Ja das habe ich mich gefragt, wird das alles mit geehrt, die Schattenseite? Selbstverständlich, das müssen die da ganz weit oben über uns entscheiden, die dann mal zur Seligsprechung anstehen. Ich denke jedenfalls, es gehört Ehrlichkeit und zur Klarheit und Wahrhaftigkeit, zu der er ja oft in großen Temperamentsausbrüchen neigt, das deutlich zu sagen. Wo gehobelt wird, fliegen Späne, wo sich einer ins Spiel bringt, gibt es auch immer wieder Spielverderber, wo einer kräftige markante Worte verwendet, gibt's auch Verletzungen und Blessuren, die nicht die Zeit heilt und wo wirklich intensiv sich eingebracht wird ohne Rücksicht auf Verluste, gibt es auch Verluste, das ist nur das Eine, was ich sagen möchte, um diesem meinem Freund Jupp gerecht zu werden. Er weiß noch sehr viel mehr als das was ich hier sage und was alles dahintersteckt.

Aber, es ist noch nicht lange her, da hat er eine Idee geboren, die hier im selben Haus dann durchgeführt wurde zugunsten unseres Kindergartens, dafür sage ich sehr lieben Dank noch einmal. Das Andere gehört ein bisschen in die Pfarreigeschichte von St. Sebastian. Ich habe diesen Hilfsdienst von Anfang an hoch geschätzt, allerdings auch ein bisschen mit Schamröte, denn es wäre Aufgabe der christlichen Gemeinde hier vor Ort gewesen, so etwas längst schon caritativ Jahrzehnte vorher ins Leben zu rufen. Das gehört mit zur bedauerlichen Seite unserer Kirchengemeinde, dass da einer sozusagen auf freiem Felde kommen musste, um alles vom Zaun zu reißen und bei uns läuten die Glocken und wurde Gott gepriesen und sicher für die Menschen viel getan, aber das, was so unverzichtbare Basisarbeit von Christinnen und Christen ist, war leider Gottes nicht da.

Heute ist es Gott sei Dank so, dass wir Hand in Hand mit dem Hilfsdienst arbeiten und ich habe diese Verleihung des Verdienstkreuzes vor allem deshalb, weil ich gefragt wurde, unterstützt, weil ich dankbar bin, dass der Jupp etwas getan hat, was ins Herz der Kirchengemeinde gehört.

Laudatio von Herrn Paul – Inhaber der Ottweiler Druckerei

(Abschrift)

Lieber Jubilar. Heute sollen nicht nur die Organisationen zu Wort kommen, sondern auch die dankbaren Patienten, zu denen wir derer von Paul und von Kunz gehören. Und als Meister der schwarzen Kunst, man nennt mich Meister Johannes.

Sie wissen, dass ich mit der Druckerei zu tun habe, spreche ich bei besonderen Anlässen auch immer in der Sprache von Johannes Gutenberg. Und so habe ich hier das, was ich zu sagen habe selbstverständlich auch in alter Sprache und in alter Schrift. Mit folgendem Wortlaut:

Hochverehrter Herre Josef Georg. Heut am 23. Tage im fünften Monat 2005 nach Christ Geburt wurd verliehen für alle guten Taten der Herr uns von Senatus Hecken das Bundesverdienstkreuz. Euch, dem selbstlos sich gebenden Josef Georg. Wo zu viel ehrenvoller Gäst auch derer von Paul und Kunst als Zeugen geladen. Durch Gottes Gnade ward Euch gegeben die Kraft zu heilen und viel kranke Kreaturen wieder aufzurichten und Mut zu geben zu gesunden. Davon können dankbar Zeugnis geben derer von Paul und Kunz.

Glückwunschbrief von der Gemeinde Tholey – Bürgermeister Hermann Josef Schmidt

Abschrift (Auszug)

Sozialminister Josef Hecken hat Dir das Bundesverdienstkreuz verliehen

Guten Tag lieber Josef,

auf Vorschlag unseres Ministerpräsidenten wird dir durch Herrn Minister Josef Hecken am kommenden Montag das Bundesverdienstkreuz am Bande verliehen. Ich freue mich mit dir über die ehrenvolle Auszeichnung und gratuliere ganz herzlich. Durch diese Ehrung werden deine außerordentlichen Verdienste gewürdigt, die du über viele Jahrzehnte für die Allgemeinheit und für deine Heimatgemeinde erworben hast.

Ich grüße dich ganz herzlich aus Tholey

Dein Hermann Josef aus Tholey
Bürgermeister.

WEITERE GLÜCKWÜNSCHE

Für Josef
Die Zeit eilt ... der Mensch eilt mit!!

Wenn man sich dann in alten Tagen
nach ihrem Inhalt wird befragen
So muss man sich dann eingestehn
Es war oft schwer und auch oft schön.
Man hat den größten Teil vom Leben
Der guten Sache hingegeben.
Man hats getan zu jeder Zeit
Und man war immer hilfsbereit.
Man heilte Seele, Leib und Geist
Und half den Menschen so zumeist.
Man sah viel Not an manchen Tagen
Und half mit Taten und mit Worten.
So tat man es ein Leben lang
Und hatte auch nicht immer Dank.
Verlor man manchmal auch den Mut
Der Menschen Anerkennung die tat gut.
So dachte man auch in dem Staat
Der Ehrung zu verteilen hat.
Man gab dem Jupp von unserem Lande
Das Ehrenkreuz an einem Bande

P. S.   Der Staat ehrt oft den Menschen
       Der kämpft mit Schwertern, Geist und Vielem
       Genauso wertvoll wie ein Orden
       Ist eine Hand voll Schwielen!!

Rudolf Georg, Lebach

Dr. Ing. Hans Guido Klinkner, St. Ingbert

Jupp
Mit guten Taten
gepflastert hat er seinen Lebensweg,
das Kreuz vieler mitgetragen.
Ein wertvolles Ehrenkreuz
Schmückt nun seine Brust.

Möge er es lange in Gesundheit
Und Taten tragen!

Guido
[Unterschrift]

Dr. Peter Knobe, Zahnarzt, Eppelborn

Hallo Jupp,
endlich hat man mal eine richtige Entscheidung getroffen.
Wenn jemand das Verdienstkreuz verdient hat, dann bist Du es.

Herzlichen Glückwunsch
Und meine ausdrückliche Hochachtung!

Gruß Peter Knobe
[Unterschrift]

Benediktinerabtei St. Mauritius, Tholey

Lieber Jupp,
auch bis nach Tholey ist es vorgedrungen, dass Du mit politischem
Ehren –Bundes Verdienstkreuz – ausgezeichnet wurdest. Dazu

unser aller Glückwunsch. Du hast es auch verdient.
Dir und Deiner Familie alles, alles Gute, Gottes Segen
Abt Makarius
[Unterschrift]

Dr. Anna-Luisa Rinneberg, Dr. Sylvia Rinneberg, Mettlach-Orscholz

Lieber Herr Georg!
... Ich habe außerordentlichen Respekt vor Ihrer Lebensleistung! Das ist wohl einmalig in Deutschland.

Herzliche Grüße
Ihre Anna Luisa Rinneberg

Glückwunschkarte von Rigobert Wilhelm, Konrektor, Gymnasium St. Ingbert

Minister sind zugegen, Direktoren anwesend.
Ich bin nur Da!

...um meinem Freund „Jupp" von Herzen und mit großer Freude zu beglückwünschen für die verdiente Ehrung, der Verleihung des Bundesverdienstkreuzes.
Mit mir gratuliert die ganze Familie

Rigobert Wilhelm Konrektor, Gymnasium St. Ingbert
[Unterschrift]

WEITERE GLÜCKWÜNSCHE – AUSGESUCHT AUS VIELEN ZUSCHRIFTEN

Bundesverdienstkreuz am Bande für Josef Georg – **Helga und Rainer Müller, Uchtelfangen (Früherer Chef vom Bauamt Kreis Ottweiler)**

Lieber Jupp,
wir freuen uns mit dir über die Verleihung des Bundesverdienstkreuzes am Bande.
Mit dir hat wirklich eine echte verdienstwürdige Person diese Auszeichnung erhalten.
Hierzu beglückwünschen wir dich recht herzlich und wünschen dir weiterhin Erfolg und beste Gesundheit

Helga und Rainer Müller, 30. Mai 2005

Wie laut dich auch der Verleihungsjubel umgibt,
nimm dir Zeit und halte inne.
Schau zurück und frage dich:
Was verdanke ich anderen Menschen?
Was gab mir Kraft?
Was machte mich glücklich?
Und jetzt blicke nach vorne:
Was kann ich geben?
Was darf ich hoffen?
Was soll ich tun?

Was ich zum Leben brauche:
Einen starken Gauben an Gott!
Brot und Wein,
Sonne und Licht,
Tau und Regen,
Kraft und Erholung,

Begegnung und Gespräche,
Muße und Zeit.
(Udo Hahn) *Abschrift der Karte v. Helga und Rainer Müller*

Hotel Eppelborner Hof

Herzlichen Glückwunsch, lieber Jupp
Zu dieser großen Ehrung, die Du mit Sicherheit für all Deine Bemühungen um Menschen in Not verdient hast.
Diese Auszeichnung sollte Dich stolz machen.

Klaus Jürgen Schmitt, Eppelborner Hof

WEITERE GLÜCKWÜNSCHE

St. Ingbert 23.05.05
Lieber Jupp,
zu Deinem Ehrentag, an dem Du das Bundesverdienstkreuz erhältst, gratulier ich dir recht herzlich.
Ich freue mich, dass Dein Einsatz für andere Menschen auf diese Weise anerkannt und gewürdigt wird.
Herzlichen Glückwunsch
Sr. Gabriele

Landkreis Neunkirchen

Ihnen wurde in diesem Jahr
als Zeichen Ihres großen Engagements
das Verdienstkreuz am Bande
der Bundesrepublik Deutschland verliehen.
Zu dieser Auszeichnung darf ich Ihnen

stellvertretend für alle Bürgerinnen und Bürger
des Landkreises Neunkirchen gratulieren
und Ihnen
Herr Josef Georg
im Rahmen des St. Elisabeth-Tages 2005
meinen Dank und meine Anerkennung
aussprechen

Ottweiler, den 21. November 2005
[Unterschrift]
Dr. Rudolf Hinsberger
Landrat des Landkreises Neunkirchen

Schmidt Helga (MiJuGS) (Wörtliche Abschrift)
Von: presse justiz@saarland.de
Gesendet: Montag 23. Mai 2005 14:01
An: Schmidt Helga (MiJuGS)
Betreff: Sozialminister Josef Hecken: Verdienstkreuz am
Bande an   Josef Georg aus Eppelborn verliehen.

Ministerium für Justiz, Gesundheit und Soziales
Pressemitteilung vom 23.05.2005 – 14:00 Uhr

Sozialminister Josef Hecken: Verdienstkreuz am Bande an Josef Georg aus Eppelborn verliehen.

Im Rahmen einer Feierstunde im Koßmann-Forum in Eppelborn erhielt Josef Georg vom saarländischen Minister für Justiz, Gesundheit und Soziales, das von Bundespräsident Köhler verliehene Verdienstkreuz am Bande des Verdienstordens der Bundesrepublik Deutschland. Wie Hecken in der Laudatio ausführte, begründe das vielfältige gesellschaftliche und soziale Engagement die besondere Auszeichnung. „Ein weit überdurchschnittliches Maß an Hilfsbereitschaft, Tatkraft, Ausdauer und persönliche Verantwortung für den Mitmenschen haben sein Leben geprägt. „Sie haben sich in besonderer Weise um das Wohl kranker, behinderter und sozial schwacher Menschen verdient gemacht", so Minister Hecken. So war der in Eppelborn tätige Heilpraktiker Initiator und Mitbegründer des 1984 eingerichteten Freundeskreises des Psychiatrischen Pflegeheims Eppelborn-Habach. Der Freundeskreis bestehe heute noch und leiste einen wichtigen Beitrag, das Verständnis für psychisch Kranke in der Bevölkerung zu stärken. „Heimbewohner persönlich zu betreuen und für diese auch finanzielle Mittel aufzubringen, daran hat Josef Georg entscheidenden Anteil erworben", führte der Minister aus.

Des weiteren gründete Josef Georg 1985 den „Eppelborner Hilfsdienst", eine Einrichtung für Hilfe suchende Menschen in der Gemeinde. Der Verein besteht aus rund 500 ehrenamtlichen Helferinnen und Helfern, die ein breites Spektrum sozialer Dienstleistungen erbringen: angefangen von der Jugend- über Frauen- und Seniorenarbeit werden Krankenbesuche und Besorgungen für behinderte Menschen durchgeführt. Darüber hinaus organisiere der „Eppelborner Hilfsdienst" regelmäßig Betreuungsnachmittage sowie Treffen einer Mädchenstube und einer Spiel- und Krabbelgruppe. Auch wurde von dem Verein eine Kleiderkammer und ein Möbellager eingerichtet.

Ebenfalls habe Josef Georg 1994 die „Kindernothilfe Saar" ins Leben gerufen. Der Verein unterstützt behinderte Kinder und ihre Familien durch persönliche Zuwendungen und durch finanzielle Mittel. Wie Minister Hecken betonte, unterstütze der Verein Projekte in der ganzen Welt. Besondere Verdienste habe der Jubilar auch durch die Spendenaktionen für die Fördergemeinschaft des Kinderherzzentrums in St. Augustin in Bonn erworben: durch seine Initiative wurden 50.000 Euro von 1992 bis 2002 gesammelt.

Auch hat sich Josef Georg einen Ruf als Wünschelrutengänger und Autor mehrerer Bücher und Broschüren auf dem Gebiet der Homöopathie gemacht.

Weitere Veröffentlichungen, die Auszeichnung das Bundesverdienstkreuz am Bande betreffend, waren in verschiedenen Zeitungen zu lesen:

Saar-Echo
Verdienstkreuz für Josef Georg aus Eppelborn:
Im Rahmen einer Feierstunde im Koßmann-Forum in Eppelborn erhielt Josef Georg vom saarländischen Minister für Justiz, Gesundheit und Soziales, Josef Hecken, das Verdienstkreuz am Bande des Verdienstordens der Bundesrepublik Deutschland.

Wie Hecken in der Laudatio ausführte, begründet das vielfältige gesellschaftliche und soziale Engagement die besondere Auszeichnung. „Sie haben sich in besonderer Weise um das Wohl kranker, behinderter und sozial schwacher Menschen verdient gemacht." So Minister Hecken.

So war der in Eppelborn tätige Heilpraktiker Initiator und Mitbegründer des 1984 eingerichteten Freundeskreises des Psychiatrischen Pflegeheims Eppelborn-Habach. Des weiteren gründete Josef Georg 1985 den „Eppelborner Hilfsdienst, eine Einrichtung für Hilfe suchende Menschen in der Gemeinde.

Ebenfalls habe Josef Georg 1994 die „Kindernothilfe Saar" ins Leben gerufen. Der Verein unterstützt behinderte Kinder und ihre Familien. Besondere Verdienste habe Josef Georg auch durch die Spendenaktion für die Fördergemeinschaft des Kinderherzzentrums in St. Augustin in Bonn erworben.

Auch hat sich Josef Georg einen Ruf als Wünschelrutengänger und Autor mehrerer Bücher und Broschüren auf dem Gebiet der Homöopathie gemacht.

In Lokales stand Folgendes zu lesen:
„De Jupp" will immer helfen."

Wochenspiegel Illtal:
„Verdienstkreuz für den 'Plaschder Jupp'" [Anm.: 'Pflasterer Jupp']

Internet: unter Topnews: „Der 'Plaschder Jupp' erhielt das Verdienstkreuz am Bande".

Internet: Saarland:
Pressemeldung v. 23.05.2005
Sozialminister Josef Hecken: Verdienstkreuz am Bande an Josef Georg aus Eppelborn verliehen.

Zeitschrift „vip's", Magazin für den Landkreis Neunkirchen
auf Seite 17 mit Fotos:
Das Rathaus informiert: „'Der Plaschder Jupp'" erhielt das Verdienstkreuz am Bande"

Und weitere Veröffentlichungen mehr.

Zur Feierstunde der Auszeichnung mit dem Verdienstkreuz am Bandes des Verdienstordens der Bundesrepublik Deutschland wurden ca. 65 Gäste im Koßmannforum, Im Big Eppel in Eppelborn herzlich eingeladen.

Dankrede von Josef Georg
Anlässlich der Verleihung des Bundesverdienstkreuzes am Bande durch Minister Josef Hecken am 23. Mai 2005

Sehr geehrter Herr Minister Hecken,
sehr geehrte Frau Staatssekretärin Gaby Schäfer,
sehr geehrter Herr Landrat Dr. Hinsberger,
sehr geehrter Herr Bürgermeister Lutz,
sehr geehrter Herr Ortsvorsteher Schmitt (Eppelborn) und
stellvertretender Ortsvorsteher Becker (Bubach-Calmesweiler),

sehr geehrter Herr Pastor Marx,
meine sehr verehrten Damen und Herren!

Es ist mir eine große Ehre, Herr Minister Hecken, aus Ihrer Hand das vom Bundespräsidenten Dr. Horst Köhler verliehene Bundesverdienstkreuz am Bande heute erhalten zu haben.

Es ist für mich äußerst ungewöhnlich, mich für eine so große Ehrung bedanken zu können. Ich sehe diese große Auszeichnung nicht nur für mich persönlich, sondern auch für alle Mitstreiterinnen und Mitstreiter, die mir in all den Organisationen aktiv zur Seite standen, die heute Mittag hier erwähnt wurden.

Aber zunächst möchte ich mich ganz herzlich bedanken bei Herrn Ministerpräsidenten Peter Müller, der mich persönlich beim Bundespräsidenten vorgeschlagen hat. Dies gilt ebenso für meine Freunde vor Ort, die mich bei ihm ins Gespräch gebracht haben, insbesondere bei Hans Thome und Marcel Backes.

Vielen Dank auch an Bürgermeister Fritz-Hermann Lutz für die Worte zur Begrüßung, bei Ortsvorsteher Berthold Schmitt für seine persönlichen Worte. Für mich war es immer eine Selbstverständlichkeit, Menschen zu helfen, die der Hilfe anderer bedürfen. Und so war es eine Frage der Zeit bis ich mit anderen zusammen auf die Idee kam, einen Hilfsdienst zu organisieren, der zunächst einmal Hilfen innerhalb unserer Gemeinde organisiert. Und aus dieser Grundidee entstand der Eppelborner Hilfsdienst, zunächst mit einer Kleiderkammer, die Kleider und Wäsche aller Art für Bedürftige zur Verfügung stellte.

Hier wurden auch Kleider instand gesetzt, sortiert und verausgabt – ohne nach der Nationalität, Hautfarbe oder Religion zu fragen. Auch für Kinder wurde gesorgt, Kinderwagen oder Babykleidung vermittelt usw. Dann folgte das Möbellager: In unserer Wohlstandsgesellschaft wird vieles ausgemustert, was für viele andere Menschen noch sehr brauchbar ist! Die selbst gesteckten Ziele des Hilfsdienstes wurden mit der Zeit weiter ausgebaut und ergänzt, z.B. im Rahmen der Schwangerberatung, Krabbelstube usw.

Eines Tages erreichte mich ein Hilferuf mit der Post: Herr Dr. Urban von der Kinderherzklinik bei Bonn brauchte dringend Geld für weitere Geräte und Aufenthaltsräume für Eltern herzkranker Kinder. Es gab für mich nicht viel nachzudenken, hier musste geholfen werden – was wir dann auch taten.

Dies war die Grundlage der Kindernothilfe Saar e.V. Ich wollte eine Organisation schaffen, die Behandlungen für Kinder übernimmt, die in Deutschland nicht von Sozialversicherungen übernommen werden. Zum Beispiel standen damals Behandlungen für spastisch gelähmte Kinder in der Ukraine an. Später kamen andere Behandlungen und Hilfen für schwer kranke Kinder hinzu.

Ich darf mich bei allen Helferinnen und Helfern in diesen Organisationen und bei diesen Aktionen recht herzlich bedanken. Auch in jüngster Zeit haben wir versucht, mit Benefiz-Konzerten in einem Einzelfall und auch für den Kindergarten Eppelborn zu helfen. Auch bei vielen meiner persönlichen Freunde darf ich mich recht herzlich bedanken.

Nicht zuletzt bedanke ich mich herzlich an diesem Ehrentag bei meiner Familie: meiner Frau Annemie, meinen Kindern mit Anhang. Ohne diese Unterstützung wäre mein Engagement nicht möglich gewesen.

Bedanken möchte ich mich bei allen, die zur Gestaltung und Vorbereitung dieser Feier beigetragen haben, den Damen von der Gemeindeverwaltung, Frau Bick und Frau Ulrich, Frau Elfriede Groß, Frau Meurer und Frau Schorr.

Ich danke auch unserem Herrgott, der mir die Kraft und die Gnade gegeben hat, all dies zu bewältigen.

Ich danke schließlich Ihnen allen, dass Sie mir an diesem Nachmittag die Ehre gegeben haben und zu dieser Verleihung erschienen sind.

Ottweiler, den 21. November 2005

Einladung von Dr. Rudolf Hinsberger, Landrat des Landkreises Neunkirchen

Ihnen wurde in diesem Jahr als Zeichen Ihres großen Engagements das Verdienstkreuz am Bande der Bundesrepublik Deutschland verliehen.
Zu dieser Auszeichnung darf ich Ihnen stellvertretend für alle Bürger des Landkreises Neunkirchen gratulieren und Ihnen
    Herr Josef Georg
im Rahmen des St. Elisabeth-Tages 2005
meinen Dank und meine Anerkennung aussprechen

Ottweiler, den 21. November 2005
[Unterschrift]
Dr. Rudolf Hinsberger, Landrat des Landkreises Neunkirchen

*„Jede Zeit hat ihre Aufgabe, und durch die Lösung derselben
rückt die Menschheit weiter"*
(Heinrich Heine)

*

Im Jahre 2006 hatte ich das Glück, meine goldene Hochzeit mit meiner Frau Annemie feiern zu dürfen.
    Hier möchte ich nur einige der Glückwünsche bringen, die mir zugesandt wurden.

Der Ministerpräsident des Saarlandes

30. April 2006

Sehr geehrte Frau Georg!
Sehr geehrter Herr Georg,

zur Goldenen Hochzeit gratuliere ich Ihnen sehr herzlich.

Ich verbinde damit alle guten Wünsche für die kommende Zeit. Mit der beigefügten Bonbonniere möchte ich Ihnen aus Anlass des Festes eine Freude bereiten.

Dr. Reinhard Marx, Bischof von Trier

Sehr geehrtes Jubelpaar Josef und Anna Marie Georg!

Von ganzem Herzen gratuliere ich Ihnen als Ihr Bischof zu Ihrer Goldenen Hochzeit. Vor fünfzig Jahren haben Sie sich vor Gott und vor der Kirche versprochen, einander die Treue zu halten in guten und bösen Tagen, in Gesundheit und Krankheit, bis der Tod Sie scheide. Sie haben einander zugesagt: »Ich will dich lieben, achten und ehren alle Tage meines Lebens.«

Heute blicken Sie voll Dankbarkeit im Kreis Ihrer Familie und Freunde auf Ihr gemeinsames Leben zurück und haben allen Grund zum Feiern. Durch alle Höhen und Tiefen der fünf vergangenen Jahrzehnte hindurch und in der Kraft der Liebe konnten Sie Ihr damals gegebenes Versprechen halten.

Gemeinsam mit Ihrer Pfarrgemeinde danken Sie an diesem festlichen Tag Gott, der Sie vor fünfzig Jahren im Sakrament der Ehe verbunden hat. Er ist treu. Er hat Sie in dieser langen Zeit mit seiner Gnade und seinem Erbarmen begleitet. Ihr Ehejubiläum ist daher ein lebendiges Zeugnis der Liebe und Treue Gottes zu uns Menschen.

Ich wünsche Ihnen einen frohen und gesegneten Feiertag im Kreis all der Menschen, die Ihnen auf Ihrem gemeinsamen Lebensweg wichtig und wertvoll geworden sind. Im Gebet gedenken wir aller, denen es nicht gegeben ist, diesen Tag mit Ihnen zu feiern.

Für Ihren Jubeltag und für all die Jahre, die Gott Ihnen weiterhin schenken wird, erbitte ich Ihnen den reichen Segen unseres Gottes, von dem Johannes schreibt, dass er die Liebe ist (vgl. I Joh. 4,8)

Ich grüße Sie in herzlicher Verbundenheit,

Ihr
[Unterschrift]
Dr. Reinhard Marx
Bischof von Trier

Trier, den 13. Mai 2006

Makarius, Abt von Tholey, Tholey 13.5.2006

Lieber Jupp, liebe Frau Georg

Zu Eurem großen Fest danken wir Dir und Deiner Familie für so unzählig viel Gutes, das Ihr in Jahrzehnten für uns getan habt.
   Möge Gott den Segen daraus auch in den kommenden Generatonen über Euch und Eurer Familie ruhen lassen.
   Allen guten Wünsche meiner Mitbrüder schließe ich mich an.
   Makarius, Abt
   [und weitere acht Unterschriften
   mit den Worten:]

Goldige Menschen feiern goldene Hochzeit.
Euch alles Gute und Gottes Segen
Euer Fr. Gregor

Verse von Bruder Willibrord

Liebes Jubelpaar!
Die Zeit verstreicht, vor 50 Jahren
Als wir alle jünger waren,
lud der Herr Euch ein.
Leget in einander die Hände
zu der großen Lebenswende:
Mann und Frau zu sein.

Als Ihr am Altare standet
Und Euch fest mit Gott verbandet,
IHM in Innigkeit,
seid Ihr nun nach all den Jahren,
da Ihr Gutes viel erfahren,
voller Dankbarkeit.

Geben wir heut Gott die Ehre.
Heilige und Engel-Heere
singen laut Te-Deum!
Feiert froh in Eurem Kreise –
Wenn nicht laut, dann eben leise –
Euer Jubiläum!
Jedes Fest geht mal zu Ende.
Was bleibt, ist Erinnerung.
Gern drück ich Eure Hände,
wünsche Mut und neuen Schwung.

Was wär der Alltag ohne Feste,
die Jahre ohne Sonnenschein.
Verzichten – kann das nur der Beste,
wenn er erlöst – von Sünden rein.

So über Euch zu danken,
dass wiederum der Himmel hold
und weil dazu wie Blumen ranken
die Freuden gerne Euch gewollt.

Euer Willibrord.

CDU
Ortsverband Bubach-Calmesweiler-Macherbach

Sehr geehrtes Jubelpaar

Zu Ihrer goldenen Hochzeit übermittelt Ihnen der CDU Ortsverband Bubach-Calmesweiler-Macherbach die herzlichsten Glückwünsche.

Wir wünschen Ihnen noch viele schöne gemeinsame Jahre, vor allem Gesundheit und Zufriedenheit.

Die besten Glückwünsche
[Unterschrift]
Werner Michel, Vorsitzender

Schlusswort

Der Sinn des Lebens ist das Leben selbst.
Goethe

Allgemein sagt man, dass eine Biografie oder Memoiren nach dem Tode geschrieben werden sollte. Man ist der Ansicht, man sollte es nie während des Lebens tun. Aber mein Leben und mein Tod werden von Gott bestimmt. Wenn Gott zu mir sagt: »Jetzt ist deine Zeit gekommen, Zeit, dass du zu uns kommst«, dann werde ich mit Freuden gehen.

Aber so, wie es aussieht, habe ich noch ein Soll zu erfüllen! Denn es hat alles seine Zeit. Rückblickend gab es in meinem Leben die Zeiten der Stille, die Zeiten des Schmerzes, die Zeiten der Trauer, der Rückschläge, doch letztlich auch die Zeit der dankbaren Erinnerung. Die schönsten Zeiten in meinem Leben waren die Momente, wo ich wusste: Du warst zur richtigen Zeit am richtigen Platz. Denn die Bestimmung eines jeden Menschen ist: Gutes wollen und das Beste tun.

Ziel eines sinnvollen Lebens ist, den Ruf der inneren Stimme zu hören und
Ihm zu folgen. Der Weg wäre also sich selbst erkennen,
aber nicht über sich richten und sich ändern wollen,
sondern das Leben möglichst in der Gestalt anzunähern,
die als Ahnung in uns vorgezeichnet ist.
(Hermann Hesse)